소통의 온도

소통의 온도

일, 관계, 삶을 바꾸는 따뜻한 말 한마디

김진이 지음

들어가며

'부디 나의 말이 너에게 순조롭게 스며들기를,
너의 말이 나에게 편안히 와닿기를.
그게 어렵더라도 우리의 마음을 멋지게 지킬 수 있기를.'

이 바람을 담아 쓴 책입니다. 쓰는 내내 마음속으로 '이 책을 쓸 만한 자격이 있는가?'를 끊임없이 질문하는 저를 발견했습니다. 아마 두 가지 마음이었던 듯합니다. 내 자격에 대한 확신을 통해 거침없이 글을 써 내려가고 싶은 마음 하나, 다른 하나는 반성하는 마음이었습니다.

일상 속에서 만난 수많은 소통의 현장에서 이런저런 핑계로 온전한 여유를 쏟지 못했던 못난 마음과 이기적인 행동을 뉘우칠 수 있었습니다. 다만 다시 생각해보니 그때로 돌아가도 100% 만족은 없겠더라고요. 말하는 이와 듣는 이가 모두 만족스러운 소통이란 건 쉽지 않은 일임을 오늘도, 지금도 느끼고 있으니까요.

그래서 글을 완성할 즈음에는 생각을 고쳐 먹었습니다. 일상의 대부분을 '어떤 말들이 좋을까?'를 고민하는 그 마음만으로도 괜찮다고 말이죠. 더불어 수 시간 많게는 수일에 걸쳐 이야깃거리를 준비하고, 상대방의 기분을 살펴 진심을 전하려는 자세만으로도 책을 쓸 자격이 충분하다고 생각을 정리했습니다. 이렇게 책을 쓰는 동안 스스로 마음을 다잡고, 자신감을 북돋는 시간을 가질 수 있었습니다. 나름 치유의 시간이었달까요.

어느 날 아침, 글을 쓰다가 웃고 있는 제 모습을 발견했습니다. 엮은 글 대부분 '진심은 언젠가 통하고, 결국 우리의 소통은 원만한 길로 가게 되어 있다'라는 결론을 내보았는데요. 이 평화로운 이야기들이 제 입꼬리를 올라가게 했나 봅니다. 여러분도 책을 읽는 동안은 복잡하고 불편했던 마음의 버튼을 끄고, 단순하고 편안한 마음의 버튼을 켜주시면 좋겠습니다.

한쪽만이 아닌 '나'와 '너', 그리하여 '우리'가 만들어가는 행복한 소통의 현장을 기분 좋게 상상하셔도 좋겠습니다. 그 시간이 아마 소중한 자원이 되어 무난한 소통의 길을 열어줄 거예요. 혹시 스스로 부족하다고 여겨진다면 그 마음은 거둬주세요. 도움닫기를 하듯, 이 책을 펼쳐 애쓴 마음만으로도 충분합니다.

요즘 들어 외롭더라도 혼자가 낫다는 사람들이 많아지고 있어 안타깝습니다. 포스트 코로나 시대는 혼자가 익숙한 삶이 될 거라는 전망입니다. 회사에서는 월급을 받는 만큼만 일하는 조용한 퇴사자가 생기고, 인간관계에서의 스트레스를 감당할 바에는 혼자가 되겠다는 사람이 많습니다. 그러나 제 생각은 조금 다릅니다. 갈수록 사람이 보고 싶고 온기가 그리워질 거예요.

혹시 혼자 소파에 누워서 누군가의 SNS에 '좋아요'를 누르며 시간을 보내거나 AI와 대화하고 있지는 않나요? 각종 매체에 넘쳐나는 마음 챙김 콘텐츠를 보고 울컥하지 않았나요? 아마 대다수가 그럴걸요. '쳇, 나는 아니야. 혼자라도 끄

떡없어'라고 고개를 돌리는 누군가도 따사로운 말 한마디를
기다리고 있을지 모를 일입니다.

우리는 인간관계 속에서 인정받고 싶은 욕구가 있고, 그
때 감도는 행복한 기운으로 위로를 얻습니다. 시대가 달라지
고, 세대가 바뀌어도 늘 그러합니다. 그게 우리의 본능이죠.
SNS나 매체로는 한계가 있어요. 직접 내 곁에, 내 앞에, 가까
이에 있는 누군가와 호흡을 주고받는 시간이 필요합니다. 온
기로 가득한 말들과 곱씹을수록 진하게 느껴지는, 마음이 오
가는 시간을 많이 만들어주세요.

작고한 이어령 선생의 인터뷰 내용이 떠오릅니다.

"피 흘린 혁명도 경험해봤고, 땀 흘려 경제 부흥도 이뤄
낸 우리가 아직 해보지 못한 건 눈물이다. 피와 땀의 논리로
만 생존할 수 없는 시대에 눈물을 흘릴 수 있는 마음이 절실
하다."

공감과 감성이 사랑받는 시대입니다. AI나 로봇은 감히
만들어낼 수 없는 사람들의 진짜 소통으로만 가능하죠. 이
책을 매개로, 치열한 삶의 현장에서 '진심 어린 말'과 '배려 담
긴 행동'을 나누는 우리를 꿈꿉니다.

김진이

차례

3장

다시 만나고 싶은 사람이 되는 소통법

4장
불편한 상황에 대처하는 소통법

5장

나를 더 좋은 곳으로 이끌어줄 소통법

하루의 첫마디는
나를 향하든 남을 향하든 애정과 배려가 담겼으면 한다.
호숫가에 돌을 던지면 파문이 일 듯
하루의 시작, 내가 전하는 첫마디가
누군가의 마음을 설레게 만들 수 있다.
그 감정이 부디 좋은 곳으로 향하길 바라는 마음을 담아
'오늘은 어떤 첫마디로 하루를 시작할까?'를 생각해보자.

1장

일상의 모든 일이 술술 풀리는 소통법

말 하나로
상대방의 마음을
바꾸는 비결

천국과 지옥은 말 한마디에 달려 있다. 힘내라는 말 한마디
가 하루를 활기차게 시작하게 하고, 괜찮다는 말 한마디가
쓰디쓴 일상을 이어갈 위로가 되고, 할 수 있다는 말 한마디
가 다시 내일로 나아갈 용기를 준다. 우리는 매일, 매 순간,
말 한마디로 천국과 지옥을 오가고 있다. 내가 그 공간을 선
사할 수도, 누군가가 그 공간을 채워줄 수도 있다. 물론, 좋
은 말 한마디로 모두 천국을 경험했으면 한다.

존 버니언은 소설 『천로역정』에서 천국과 지옥의 차이를 음식으로 그렸다. 온갖 산해진미가 즐비한 음식은 천국과 지옥 둘 다 동일하지만 그것을 대하는 사람들의 태도에 차이가 있다. 천국은 긴 젓가락으로 서로 음식을 떠먹여주는 반면 지옥은 긴 젓가락으로 자기 입에 더 많은 음식을 넣으려고 안간힘을 써도 먹을 수 없어서 고통스러워 한다. 결국 서로를 위하는 마음이 서로를 살리는 것이다. 이런 천국 속 사람들의 모습이 지금 우리의 일상 곳곳에 늘 필요하다. 그 마음을 담은 말 한마디가 있다면 어떨까?

말 한마디에 호기롭게 무언가를 시작할 힘을 얻고, 무너졌던 마음을 다시 일으킬 수 있는 한 줄기 빛을 보고, 방황하고 휘청거렸던 마음을 다잡고, 때로는 잔잔한 일상에 고운 파장을 일으켜 용기를 심어줄 수도 있을 것이다. 그렇게 함께 살아갈 수 있을 것이다. 아니, 있다.

"사랑해."
"수고했어."

"잘하고 있어."

이 세 마디가 서울시민이 가장 듣고 싶은 말들로 꼽혔다. 국립국어연구원의 조사에 따르면 대한민국 사람 81%가 가장 듣고 싶어 하는 말은 '수고에 대한 인정과 감사'였다. "널 사랑해", "나도 사랑해", "오늘도 정말 수고했어", "오늘 참 잘했어"와 같은 표현들이 쉽고 익숙하다면 다행이다. 쉬워 보이는데 막상 입 밖으로 나오지 않는다면 시도해보자. 내 앞에 마주한 상대방을 들여다보고, 체감 온도를 맞춘 후에 듣기만 해도 마음이 따뜻해지는 말을 건네보자. 그와 함께 상대방에게 원하는 요구사항을 슬쩍 전한다면 설득하기 더 수월하다. 누구나 나를 알아주는 사람에게, 내 마음을 읽어주는 사람에게 마음이 기운다. 이렇게 말 하나로 상대방의 마음을 바꿀 수 있다.

마음이 캄캄할 때
빛이 되어주는
공감의 말

한 번쯤 자신이 초라하고 작아 보여서 누굴 만나도 움츠리던 시절이 있을 것이다. 공부는 공부대로, 면접은 면접대로 자신이 없어 스트레스를 받았던 취업 준비 시기, 아직 업무가 서툴러 자존감이 낮아진 사회초년생 시기, 동료들과의 경쟁과 비교로 자신감이 떨어진 슬럼프 시기, 나보다 앞서 나가는 누군가에 비해 한참 뒤처져 있는 스스로가 싫어지는 순간들.

인생은 속도보다는 방향이라지만, 훗날 돌이켜보면 웃으며 추억할 수 있다지만, 다시 돌아간다면 평정심을 갖고 느긋하게 기다릴 수 있을까? 그건 불가능에 가깝다. 어두운 터널을 지나서 빛을 본 사람만이 할 수 있는 말이다. 이때 "괜찮아, 나도 그랬어"라고 손을 잡아주는 존재가 있다면, 그 존재가 나의 고민을 미리 경험한 선배나 멘토라면, 조금은 나은 선택을 할 수 있지 않을까?

쓰디쓴 고비를 맞볼 때 허세 가득한 조언이나, 번지르르한 충고보다는 "괜찮아, 나도 그랬어"라는 공감의 한마디가 더 필요한 법이다. 이런 경험을 했던 존재가 내 앞에 있다는 것만으로도 힘이 나는 법이니까. 공감을 넘어선 해결책을 제시하지 않아도 괜찮다. 그 경험을 담담히 이야기해주는 것만으로도 정답 그 이상의 것을 전할 수 있다.

tvN 〈유퀴즈 온 더 블록〉에 출연한 장항준 감독이 아버지와의 일화를 들려준 적이 있다. 어린 시절, 공부 때문에 힘들어하던 그에게 아버지가 해준 말이 바로 우리가 필요로

하는 공감의 한마디가 아닐까 싶다.

"나이가 같은 사촌이 4명이 있는데, 공부를 다 잘했다. 늘 공부를 못해서 내가 최악의 어린이인 것 같다는 생각, 못난 인생 같다는 생각을 책상 앞에서 하고 있었다. 나는 왜 이리 공부를 못할까? 나는 왜 이리 의지가 박약할까? 자책하고 있던 그때 아빠가 와서 어깨를 두드리며 이렇게 말했다. '괜찮아. 아빠도 공부 못했어. 그래도 아빠 사장 됐잖아.' 그 말이 나에게는 큰 위로가 됐다."

누구나 곁에 나와 같은 경험을 한 멘토나 선배가 있거나 나를 늘 아낌없이 보듬어주는 가족과 같은 존재가 있을 수는 없다. 그런 사람이 내 곁에 있다는 것만으로도 큰 행운일 것이다.

'뇌의 가소성'이라는 게 있다. 사람의 뇌는 고정되어 있지 않아서 무엇을 경험하고 훈련하느냐에 따라 그 기능과 구조가 달라진다는 것이다. 누군가의 한마디로 내 생각과 행동이 바뀌는 것처럼 내가 전한 한마디가 상대방의 마음을 바꾸고, 더 나아가 상대방의 인생을 바꿀 수도 있다. 길을 잃고 헤매는 존재가 내 옆에 있다면 그리고 내가 미리 그 시간을 겪었다면 손을 꼭 잡고 한마디 건네길 바란다. 문득, 요즘은 늙은이도 젊은이도 사람을 기다린다는 나태주 시인의 한마디가 떠오른다. 그 사람의 따뜻한 말 한마디도 기다리고 있을 것이라는 생각도 함께.

미소는
가장 좋은
첫마디

'눈이 참 예쁘네.'

'눈빛이 꽤 매섭네.'

'참 잘 웃는다.'

한동안 사람들의 눈을 지긋이 바라볼 수 있었다. 몇 년 간 마스크를 낀 채 지내니 얼굴 전체보다는 눈에 시선이 갈 수밖에 없었다. 고유의 눈빛, 눈동자 색깔, 눈의 모양, 눈가의 주름, 눈에 담긴 표정 그리고 눈의 미소까지도 훤히 보였다. 코로나가 한창이었을 때 한 신문사 백일장의 대상작 제목이 '마스크로 얼굴을 가린 지금은 눈빛의 시대'였으니 마스크 낀 얼굴이 익숙한 시대가 된 건 분명한 사실이다. 설사 마스크를 싹 다 벗는 그 날이 온다고 하더라도 우리의 대화 방식에서 '눈빛'의 비중은 커질 수밖에 없다. 익숙해졌으니 당연하다.

살면서 이렇게 누군가의 눈을 계속 바라본 적이 있었을까? 코로나 때문인지, 코로나 덕분인지 어쨌든 코로나로 인해 상대방의 눈에 오롯이 집중하고, 표정으로 기분을 파악하고, 미소를 장착한 눈빛을 보고 안도하며 대화를 이어온 우리다. 즐거운 상황에는 서로 활짝 웃어 휘어진 눈매를 마주하며 즐거움을 전했고, 고된 상황에는 초점 잃은 눈이 마주치면 겸연쩍은 웃음을 지으며 무언의 동지애를 나눴다. 마음에 드는 사람을 만나면 상대의 표정에 오롯이 집중하며 눈을 자주 봤다. 반면, 낯선 사람을 만나면 경계태세에 들어간 탐정처럼 레이저 눈빛이 발사했다. '눈의 대화'와 '눈의 미소'가 더욱 중요한 시대였다.

『사장을 위한 언택트 시대의 커뮤니케이션』을 쓴 김은성 박사는 "코로나 이후 시대에는 만남에 주저할 수밖에 없지만, 그것을 이겨내고 사람을 만난다는 것은 중요한 의미를 갖는다"고 한다. 예전보다 만남 자체가 귀하고 소중해진 것이다. 처음이라면 더 그렇다. 만남의 첫 순간을 '눈의 미소'로 평화롭게 시작해보면 어떨까? 마스크를 써도, 벗어도 방법은 같다. 그럼 바로 연습해보자. 거울을 봐도 좋다. 혹은 누군가와 마주하고 있다고 머릿속으로 상상해도 좋다.

1. 마음 준비 - 눈의 미소를 위한 비밀의 주문

　'당신에게 귀를 기울일 준비가 되어 있어요.'
　'당신과 공감하고 싶어요.'
　'당신과 함께 웃을 거예요.'

이 모든 말을 눈의 미소에 담을 수 있다. 다만 상대방도 나처럼 웃어줄 것이라는 확신은 금물이다. 어색해서 아예 눈을 피할지도 모른다. 일본 교토대 연구팀이 진행한 연구에 따르면, 대화를 나누다가 시선을 돌리는 이유 중 하나는 더 깊은 생각을 하기 위해서라고 한다. 눈을 보는 것이 뇌의 특정한 인지 작업을 방해할 수 있기 때문이다. 또, 예의범절을 중요시하는 우리나라에서는 내가 더 연장자라면 상대방이 시선을 아래로 향할 수 있다. 그러니 상대방이 눈을 피해도 상처받지 말자. 꼭 마음에 들지 않아서가 아닐 수 있으니 오해는 접어두고 마음속에서부터 미소를 보내자.

2. 본격 가동 - 눈의 미소 만들기

미소의 핵심은 입과 눈을 함께 움직인다는 것이다. 입꼬리는 올리고 눈꼬리는 내린다. 프랑스의 심리학자인 기욤 뒤센(G. Duchenne)은 자신의 저서 『표정의 문법』에서 진짜 미소와 가짜 미소의 차이를 이야기했는데, 진짜 미소에는 다음과 같은 4가지 특징이 있다고 한다.

1) 입술 끝이 위로 올라간다
2) 눈가 근육이 움직이며 주름이 생긴다

3) 두 눈이 안쪽으로 모아진다

4) 두 뺨의 상반부가 올라간다

웃을 때 사용되는 50여 개의 안면 근육은 이어져 있다. 따로 분리될 수는 없다. 눈과 입이 따로 웃거나 입꼬리 대칭이 맞지 않는다면 일명 '썩소(썩은 미소)' 비웃는 것처럼 보이기도 한다. 근육이 굳어 있다면 처음에는 경련까지 일 것이다. 그러니 매일 10초씩 웃는 시간을 늘려보자.

결국 미소를 만드는 것은 웃는 습관이다. 양쪽 입꼬리를 손가락으로 잡고, 수평을 맞춘다는 느낌으로 위로 쭉 늘려봐도 좋다. 또, '김치', '치즈', '스마일', '개구리', '뒷다리'처럼 끝에 모음 'ㅣ'가 들어가는 말을 계속 읽다 보면 입꼬리가 저절로 올라간다. 미소 연습이 입매 교정술이나 미소 교정기보다 훨씬 낫다. 입가에 미소를 머금고 말할 때는 목소리 톤이 더 밝고 따뜻한 느낌을 줄 수 있다.

3. 마무리 - 눈의 미소에 친근감을 더하는 말

때로는 눈의 미소를 지으며 인삿말을 더해보자. 밝고 경쾌한 목소리로 "안녕하세요?", "잘 지내시죠?"와 같은 말을 덧붙이면 분위기를 훨씬 더 친근하게 만들 수 있다. 다만 과한 액션과 큰 목소리는 상대방이 어색하고 부담스러울 수도 있다. 형식과 관계없이 상대방이 '나에게 웃으며 인사를 했다'는 것을 인지하면 된다. 내가 먼저 기분 좋은 시작을 알리는 자세를 보여주는 것이다.

눈의 미소는 소통의 시작이다. 적절한 타이밍에 보여준다면 백 마디 말보다 효과가 크다. 용기를 내보자. 당신이 전한 눈의 미소로 서로의 마음에 길이 열리고 언젠가는 눈만 마주쳐도 통하는 사이가 될 테니까.

대화의
시작과 끝은
칭찬으로

"고객님, 목소리가 참 좋으세요. 성우인 줄 알았어요."

은행에서 직원이 건넨 한마디에 속으로는 쾌재를 불렀다. '역시 나는 마이크를 잡는 사람이지. 바람직한 방향으로 흘러가고 있어.' 계좌를 개설하자마자 사업자용 신용카드를 권유해 '역시나 목적이 있었구나' 하는 아쉬운 마음도 있었지만 마침 필요했던 터라 바로 가입했다. 물론 추천 직원을 기입하는 란에는 그분의 이름 석 자를 꾹꾹 눌러 적었다.

"내내 라디오 듣는 느낌이었어요. 덕분에 기분 좋게 하루를 시작합니다"라고 일어서서 정중하게 인사를 건네는 직원 덕분에 나도 인정받고 싶은 내 안의 욕구가 충족된 느낌이었고, 덩달아 산뜻한 하루를 시작할 수 있었다. 이후에도 금융 상담은 되도록 그 직원에게 받았다.

사실 은행 직원은 서비스 매너를 갖춘 성실한 인재로서 소임을 다한 것이다. 칭찬에 약한 고객이 영업전략에 넘어갔으니 소기의 목적을 달성했다고 봐도 된다. 처음 만난, 그것도 고객을 대하는 은행 직원의 칭찬이 얼마나 진정성이 있겠냐고 말해도 괜찮다. 중요한 건 칭찬을 하는 쪽과 받는 쪽 모두 행복한 하루를 시작했다는 데 있다.

이때 말의 시작과 끝에 직원이 건넸던 칭찬 한마디가 쉬워 보인다면 오산이다. 수백수천 명의 고객들을 대한 경험에서 비롯한 깊은 내공이 없다면 어려운 일이다. 아마도 고객이 자리에 앉자마자 장점부터 부리나케 찾았을 것이고, 기분을 살펴 칭찬 한마디를 용기 있게 건넸을 것이다.

미국 문학의 아버지로 불리는 작가 마크 트웨인은, "나는 한마디의 칭찬으로 두 달을 기쁘게 살 수 있다(I can live for two months on a good compliment)'며 칭찬이 우리 삶에 지속적이고도 긍정적인 기운을 줄 수 있다고 믿었다. 칭찬을 하는 쪽은 용기가 필요하고 듣는 쪽은 쑥스러울 수 있지만, 서로의 기분을 최상으로 끌어올리고 그 기분으로 원활한 소통을 이어가게 하는 강력한 도구다. 칭찬은 누구에게나, 언제나 옳다. 진심 어린 칭찬이라면 더욱 옳다.

교육심리학에서는 칭찬의 효과를 '피그말리온 효과 (Pygmalion Effect)'로 설명한다. 누구나 칭찬을 들으면 들을수록 잘하고자 하는 마음이 생겨 일종의 동기 부여가 된다는 것이다. 미국 IT 기업 인텔과 미국 듀크대 연구진 또한 '칭찬이 현금 보너스보다 생산성을 높이는 데 더 효과적이었다'고 이야기한 것을 보면, 어떤 방향으로 나아갈 때 열일 엔진을 힘차게 가동하는 동력이 되는 듯하다. 늘 확인받고 싶고 잘하고 싶은 사람의 욕구를 끌어올리는 매개가 되기도 한다.

깊게 들어가면 결국은 인간의 생존과도 밀접한 연관이 있다. 특히 질 좋은 칭찬은 서로가 함께한 후에도 긍정적인 여운을 지속시킨다. 이때 질 좋은 칭찬은 상대방에게 좋은 영향력을 발휘할 수 있는 칭찬을 뜻한다. 먼저 눈에 보이는 재능보다는 노력한 과정에 대한 칭찬이 좋다.

외모, 옷차림, 능력, 성과처럼 눈으로 보이는 것에 대한 칭찬도 좋지만 이런 칭찬은 상대방이 그것을 유지하는 데 부담스러울 수 있고, 반대로 더 애쓰지 않을 수도 있다. 때로는 칭찬을 듣고 그 프레임 속에 갇혀 한계를 둘 수도 있다. "얼굴이 정말 예뻐요"보다는 "늘 웃는 모습이 아름다워요"가 낫고, "역시 넌 머리가 좋아"보다는 "열심히 했구나, 대견하네"가 낫고, "이 정도면 충분해요"보다는 "주어진 업무를 훌륭히 해내시는군요"가 낫다.

또한, 예상치 못한 상황에서의 칭찬도 반갑다. 칭찬을 기대하지 않은 장소에서 낯선 사람에게 받은 칭찬은 오래 기억에 남기도 한다. 내가 은행 직원에게 들은 칭찬처럼 말이다. 하지만 공개된 장소에서는 부담스러울 수 있으니 따로 작게 말해보는 것도 좋다. 처음 만난 이에게 건넬 칭찬이라면 콩닥거리는 가슴을 부여잡고 용기 한 스푼을 첨가해야 한다. 순수한 칭찬이든, 목적이 있는 칭찬이든 그 안에 진심이 담겨 있다면 상대방에게 큰 힘을 줄 수 있다고 믿어보자.

칭찬은 따뜻한 눈빛과 한 세트다. 어쩌면 진심을 담는 가장 쉬운 방법이다. 칭찬을 건네면서 무표정이거나 무심한 듯한 모습을 보인다면 그것처럼 어색한 게 없다. 눈을 바라보며 그 분위기와 잘 어울리는 따뜻한 미소를 지어보자. 친한 사이에서는 가볍게 포옹하거나 어깨를 토닥여주는 것도 좋다. 칭찬은 친해지려는 단계에서만 필요한 게 아니다. 친한 사이에서는 더더욱 필요하다. 칭찬을 굳이 말로 하지 않아도 되는 사이. 글쎄, 그런 사이가 있을까? 빈번하게 공유해야 비로소 전해지는 게 칭찬이다. 그래서 칭찬은 후해도 좋다.

일상의 언어에
상대를 긍정하는 말을
덧붙이자

⊃

"성실함이 너의 장점이야. 꼭 기억해."

내가 한 학생에게 학기 내내 입버릇처럼 전한 말이다. 강
의실에 누구보다도 먼저 도착해서 진지한 얼굴로 공부를 하
고 있던 그 학생은, 출강하고 있는 대학에서 맺은 인연들 중
에서 가장 기억에 남는다. 수업이 1교시에 시작이라 한 번쯤
은 늦을 법도 한데 학기 내내 지각이나 결석도 없었다. 심지
어 열다섯 번의 수업 내내 가장 먼저 도착했다. 그 학생이 1

번, 교수인 내가 2번. 늘 웃는 얼굴로 나를 맞이하는 그의 꾸준함은 그러려니 하고 넘길 만한 게 아니었다. 당시 어떤 수업이든 50분 이상 먼저 도착했던 나였기에, 그의 부지런함이 더 특별해 보였다. 그의 한결같은 성실함이 반짝반짝 빛이 나서 나는 항상 그에게 이런 칭찬을 건넸다.

"성실함도 실력이고 능력이야. 그 마음으로 무엇이든 할 수 있을 거야."

특히 졸업을 앞두고 자신감이 떨어진 그에게 매주 칭찬하듯, 다독이듯 이 말을 전했다. 진심이었다. 그 성실함만 있다면 무엇이든 할 수 있어 보였다. 그리고 6개월 후 그는 보란 듯이 원하는 기업에 입사할 수 있었다. 그 학생은 나에게 전화로 감사의 인사를 건넨 후 긴 문자도 남겼다.

"항상 잘난 게 없어서 고민이 컸는데, 교수님께서 평범한 사람의 성실함에 큰 힘이 있다고 해서 용기를 낼 수 있었습니다. 면접 때도 자신감을 가지고 도전했어요. 합격하면 꼭 말씀드리고 싶었는데 그날이 오게 돼서 기쁩니다. 교수님의 가르침 덕분에 이렇게 사회에 진출합니다. 감사합니다."

감사한 쪽은 오히려 나였다. 내가 긍정을 담아 건넨 한마디가 기적을 선사한 느낌이었다. 그때부터 나는 다음 스텝을 준비하는 누군가를 보면 긍정의 한마디로 '자신감'을 심어주고 있다. 따뜻한 시선과 꼭 잘 됐으면 하는 간절한 마음을 담아. 자신감이 자신의 가치와 능력을 믿는 자부심이 되고, 스스로 자랑스럽게 여기는 자긍심이 될 수 있다고 믿는다.

누구나 인정받고 싶은 욕구(Recognition)가 있다. 심리학에서는 '타인으로부터 인정받고 싶은 욕구'를 인간생존을 위해 꼭 필요한 조건이라 말한다. 잘 생각해보면 우린 태어나는 순간부터 나의 존재를 각인시키기 위해 노력해왔다. 집안에서는 부모와 형제로부터, 학교에서는 선생님과 친구로부터, 직장에서는 상사와 동료로부터 늘 인정을 갈구해왔다.

이렇게 '남에게 나의 존재를 각인시키는 행위'는 평범한 우리에게 참 중요한 일일지도 모른다. 남의 시선이 전부는 아니라지만, 요즘은 스스로 인정하는 마음이 가장 중요하다지만, 그래도 누군가가 나를 인정해주는 한마디를 건넨다는 건 참 힘이 나는 일이다. 더 나아가게 하는 기폭제가 되고, 때로는 인생의 전환점을 만들 수도 있는 일이다.

토크쇼의 여왕 오프라 윈프리 또한 상대방의 인정 욕구를 채워주는 게 중요하다고 강조한다. 인터뷰가 끝나면 게스트들은 하나같이 그녀에게 물었다. "Was that OK?", 자신이 오늘 괜찮았는지 확인하는 질문이었다. 유명한 셀럽이든 영향력 있는 지성인이든 자신만의 이야기를 갖고 있는 일반인이든 모두 자신이 오늘 어땠는지 확인받고 싶어 하는 모습은 마찬가지였다. 그런 모습을 보며 그녀는 잘한 부분을 인정하고 아낌없이 표현해주는 것에 대한 중요성을 절실히 깨달았다고 말한다.

말 한마디를 통해 상대방의 마음에 안정감을 부여할 뿐만 아니라 서로의 연결성을 견고하게 만들 수 있다. 확장해서 생각해보면, 상대방을 긍정적으로 인정하는 말은 인간관계뿐만 아니라 조직 안에서의 연결성도 끈끈하게 만들어준다. 누구든 나를 인정해주고, 나와 마음이 통하는 사람과 긴 시간을 오래 함께 하고 싶은 법이니까.

특히 자율성과 유연성이 특징인 MZ세대에 대한 이해가 세계 모든 조직의 사회적 화두인 이때, 이들을 사로잡을 수 있는 가장 쉬운 방법은 바로 '인정'이라는 이야기도 곳곳에서 들려온다. 한국갤럽조사연구소에서 실시한 '세대 간 간극을 어떻게 메울 것인가?'라는 주제의 설문조사에 따르면, MZ세대가 다른 세대보다 더 많은 인정을 바라는 성향을 보인다고 한다. 본인에 대한 긍정적인 피드백을 자주 들을수록 자존감은 물론, 자신을 인정해주는 곳에 대한 소속감과 일 만족도 또한 높아진다는 것이다.

하지만 비단 특정 세대에만 해당되는 이야기일까? '상대방에 대한 긍정의 말'은 세대를 떠나 누구나 늘 원하는 말이지 않을까? 동시에 지금 당장, 누구나, 늘, 언제나, 계속해서 전하기 수월한 말이기도 하다. 그를 통해서 상대방이 자신의 가치와 능력을 믿고 더 좋은 곳으로 나아가도록 도울 수 있다. 나의 말 하나하나가 그 징검다리가 되어준다면 분명 내게도 선물 같은 일일 것이다.

아침에 건넨 첫마디가
그날 하루를
좌우한다

A는 아침마다 긴장한다. 원인은 옆자리의 B 선배. 그의 출근 시간이 다가오면 본인의 등줄기로 땀이 흐르는 게 느껴질 정도다. 언제부터인가 B 선배는 시시콜콜한 모든 일상을 공유하면서 순간순간의 감정을 A에게 쏟아내는 게 아침 루틴이 됐다.

B 선배가 사무실 문을 열고 들어와서 무슨 이야기를 하느냐에 따라 그날의 분위기가 결정되기 때문에 다른 동료들도 긴장하기는 마찬가지다. A는 오늘도 마음속으로 기도를 한다. '부디 B 선배가 웃으며 입장하기를!'

마침내 B 선배가 출근한 순간, A는 오늘도 심상치 않음을 직감한다. 아침부터 무슨 일로 심통이 났는지, 얼굴을 찌푸리고 있다. 아침에 아내와 다퉜는지, 오면서 교통 체증 때문에 열받았는지, 밤새 뒤척여 피곤한지 잘 모르겠지만, "휴" 곡소리가 절로 나온다. 오늘 하루가 고단할 게 뻔하다.

C 팀장은 매주 월요일 조금 일찍 출근해서 팀원들의 책상으로 향한다. 노란 포스트잇에 '이번 주 프레젠테이션 파이팅', '유 캔 두 잇', '승리의 여신은 너의 편', '승진 느낌 아니까', '잘 해왔고 잘될 거예요', '오늘도 힘내' 등 팀원 한 사람 한 사람의 얼굴을 떠올리며 그에게 필요한 말을 한 줄로 남긴다. 때론 캔커피 대신 쿠키나 영양제를 두기도 한다.

월요일 아침 출근하자마자 서로 "오늘 팀장님 메시지는 뭐예요?"라고 속삭이는 팀원들을 보며 내심 뿌듯하고 잘했다 싶다. 회의 시간에 무표정한 팀원들 앞에서 힘들지만 즐겁게 일하라는 뻔한 메시지를 전하는 것보다는 백 번 낫다는 생각이 든다. 이번 한 주도 상쾌하게 시작해본다.

우리의 하루는 대부분 아침에 처음 느낀 기분대로 흘러간다. 맑은 하늘에 마음이 몽글몽글해지기도 하고, 설렘과 희망이 담긴 노래가사에 에너지를 얻기도 한다. 반대로 우중충한 날씨에 찌뿌둥한 몸으로 하루를 시작하기도 하고, 출근길 계속 빵빵거리는 차들 때문에 신경이 곤두선 채로 시작하기도 한다. 아침의 기분이 쭉 밤까지 이어지기 쉬우니 웬만하면 기분 좋은 상태로 하루를 시작하는 게 좋다.

하루의 시작, 아직 흰 종이와도 같은 내 마음에 밝은 빛깔의 생각들을 채우려 애쓰며 살고 있다. 이런 우리에게는 아침에 처음 만난 사람도, 그와 나눈 첫마디도 참 중요하다. 반대로 생각하면 내가 누군가에게 기분 좋은 하루를 선사할 수 있는 것이다.

앵커링 효과(Anchoring Effect)라는 게 있다. 우리말로 닻내림 효과라고 하는데, 배가 정박할 때 닻을 내려서 움직이지 않게 하는 상태를 인간의 심리에 빗댄 용어다. 바닷속 깊이 내려가는 닻처럼 사람이 처음 접하는 정보가 마음

깊숙한 곳에 닻을 내린다는 것이다. 말로 예를 들어보자면, "오늘 10분 먼저 도착한 부지런한 직원이군요"란 첫마디를 들었다면 바지런히 열정적으로 업무를 처리하기 쉽고, "오늘 가까스로 10분 전에 도착한 게으른 직원이군요"라는 첫마디를 들었다면 내내 무거운 마음으로 눈치 볼 수밖에 없다는 것이다.

나를 향한 첫마디가 왜곡됐을 때도 마찬가지다. 그 말 따라 감정과 행동이 영향을 받게 된다. 이에 평정심을 갖기 위해 부단히 애쓰는 우리지만 쉽지 않다는 것을 경험을 통해 배웠다. 괜찮다. 모두가 다 그렇다. 노력할 뿐이다. 뇌과학에서는 뇌 속에 이성과 감정을 다루는 인자가 따로 있다고 설명한다. 이성을 다루는 대뇌피질, 감정을 다루는 변연계 중에서 결국 인간의 행동을 결정짓는 것은 실제로 이성의 뇌가 아니라 감정의 뇌라고도 강조한다. 우리는 이성보다 감정에 기대어 말을 하고 행동을 한다는 것이다.

하루의 첫마디는 나를 향하든, 남을 향하든 애정과 배려가 담겼으면 한다. 뭉근하게 지속할 수 있다면 더할 나위 없다. 호숫가에 돌을 던지면 파문이 일듯 하루의 시작에 내가 전하는 첫마디가 누군가의 마음을 요동치게 만들 수 있다. 그 감정이 부디 좋은 곳으로 향하길 바라는 마음에서 아침 루틴을 하나 제안한다. '오늘은 어떤 첫마디로 하루를 시작할까?'라는 설레는 마음을 가져보자.

경청의 자세는 나의 진심을 그 자리에서 곧바로,
쉽게 전할 수 있는 가성비가 좋은 기술이다.
상대방의 눈을 바라보고, 몸을 기울여 들을 준비부터 하자.
경청을 넘어선 경청의 자세가 중요하다는 것을 기억하자.

2장

마음의 벽을
허무는 소통법

말을 잘하는 것보다
잘 듣는 것이
먼저다

"질문에 대한 답변을 해주세요."

내가 면접 컨설팅을 진행할 때 늘 구직자들에게 전하는 말이다. 이 당연하고도 뻔한 피드백을 늘 해오고 있다. 면접 장에서는 누구나 면접관들에게 좋은 인상을 주기 위해, 자신이 미리 준비한 말들을 꼭 내뱉고 와야 한다는 생각으로 머릿속이 복잡하다. 그렇게 안간힘을 써서 준비한 말들은 다 했지만 그것이 오히려 실수가 되는 경우도 있다. 다음 면접 현장을 들여다보자.

면접관 : 우리 기업에 지원하게 된 계기가 있을까요?
구직자 : 저는 조직 생활에서 '함께'의 가치를 빛낼 준비된 인재
입니다. 귀사의 마케팅 공모전에 팀 프로젝트로 참가하
여 신제품 기획안으로 최우수상을 받은 경험이 있습니
다. 입사 후 헌신하는 마음으로 임하겠습니다.

　　지원 동기를 묻는 면접관의 말에 구직자는 본인의 강점
과 포부로 답했다. 극도의 긴장 상태에서는 이렇게 질문하
는 의도를 파악하지 못하고 엉뚱한 대답을 하는 안타까운 상
황이 참 많이도 일어난다. 준비된 답을 하지 못하면 어떠한
가. 아무리 능숙하고 멋진 답변을 했을지라도 면접관이 원
치 않는 말을 늘어놨기에 탈락하기 쉽다. 동문서답에 '구성
원들과 커뮤니케이션이 어려울 수도 있겠구나' 하는 확대해
석을 할지도 모른다.

말을 잘하는 것보다 잘 듣는 게 중요하다. 그러기 위해서는 우선 귀 기울여 들어봐야 한다. 상대방의 의도를 파악하고 이에 적합한 대답을 해야 한다. 면접을 비롯해 모든 커뮤니케이션 상황에서도 그렇다. 직장에서의 상황도 살펴보자.

팀원 : 팀장님, 거래처에서 이번 달 브로셔 마감 기한을 늘려달라고 전화가 왔……

팀장 : (말을 끊고) 당장 다음 주부터 배포해야 하는데, 일을 어떻게 하는 거예요? 안 된다고 연락하세요. 차라리 인건비 더 쓰는 게 낫지.

팀원 : 그래서 저희 팀 집행된 예산이 남아서 아르바이트생을 고용하자는 제안을 했고, 그쪽에서도 좋다고 합니다. 팀장님이 허락만 해주시면 바로 진행하려고……

팀장 : (말을 또 끊고) 내가 마음이 급했네. 네, 알겠습니다.

팀장이 팀원의 말을 끝까지 들어줬다면 어땠을까? 팀장이 오해하여 팀원을 질책할 일도, 팀원이 당황할 일도 없었을 것이다. 팀원도 결론부터 두괄식으로 말했다면 좋았겠지만 대부분 윗사람과 소통할 때는 설득력을 갖추기 위해 설명을 서두에 덧붙이기 십상이다. 이때 다수의 윗사람은 참지 못하고, "그래서?", "다음은?"이라는 말로 끊어버리기 일쑤다. 말을 끊는 버릇이 있다는 것을 자각하지 못하는 리더는 "마음 놓고 무엇이든 편히 말해요"라고 한다. 사람을 대할 때, 특히 아랫사람을 대할 때 조금만 참아보자. 단 3초만이라도 말이다.

가면 갈수록 말을 잘 듣는다는 게 쉽지 않음을 체감한다. 나이가 들수록, 직급이 올라갈수록, 할 일이 많아질수록, 시간이 없을수록, 마음이 급할수록 더 그렇다. 하지만 그때가 더욱더 잘 들어야 할 타이밍이다. 그래야 길을 헤매지 않고, 똑바로 갈 수 있다.

관리자가 아닌 리더가 되기 위해 가장 중요한 덕목은 '잘 듣는 것'이다. 이병철 삼성전자 창업주는 '경청(傾聽)'을 강조했다. 이 두 자를 아들 이건희 회장에게 붓글씨로 써서 선물

한 것이 지금도 회자되고 있다. 알리바바 창업자 마윈 회장 또한 1995년 미국을 처음 방문했을 때 "인터넷이 뜬다"라는 말에 공감하고, 바로 알리바바를 차렸다. 그 말을 제대로 듣지 않았다면, 지금의 알리바바나 마윈은 없을지도 모른다.

독불장군처럼 굴다가 본인이 만든 회사에서 쫓겨났던 스티브 잡스도 이 쓰라린 경험을 통해 좋은 경청자가 되리라는 마음을 먹었다. 스스로가 CEO보다는 CLO(Chief Listening Officer)라고 불리고 싶다는 말과 함께 회사에 복귀한 그는 소비자의 목소리에도 귀를 기울였다. 완벽의 탈을 쓴 고집이 아닌 누구와도 어우러지겠다는 마음은 혁신으로 이어졌다.

"창의력은 경청이다"란 말이 있다. 말을 꺼내기 전에 상대방의 말을 잘 듣는 바람직한 습관을 들이면 더 좋은 생각, 더 좋은 결과, 더 좋은 의견을 만들어낸다. 돌아보면 결국 나를 위한 것이다. 그렇게 '잘 들으려는 노력'은 나를 더 좋은 곳으로 데려다줄 것이다.

이름을 부르면
거리가
확 가까워진다

"제 이름은 김혜인입니다. 지혜로운 사람이란 뜻입니다. 엄마, 아내 아니고 제 이름 석 자 오랜만에 소개해 보네요."

"제 이름은 이미선입니다. 저도 마찬가지예요. 여기 있는 분들이 미선 씨라고 불러주셨는데요. 퇴직하고 처음 이름 불러봐요."

"제 이름은 박지숙입니다. 나이가 들면서 이름을 불러주는 사람이 점점 줄더라고요. 이번 기회로 제 이름과 정체성을 되찾고 싶습니다."

가끔 '여성새로일하기센터'에서 특강을 한다. 이곳은 경력이 단절된 여성들이 구직활동을 할 수 있도록 돕는 곳이다. 주로 출산과 육아로 인해 일을 오래 쉬었던 여성들이 다시 도전할 수 있도록 디딤돌 역할을 하고 있다.

첫 수업은 자기 소개로 시작한다. 다른 곳에서도 종종 자기 소개 시간을 갖지만 이곳에서는 그 시간이 갖는 의미가 더욱 특별하다. 어떤 교육생은 이름을 말하는 것만으로도 오랜만에 내 가치를 인정받는 느낌이라고 말했다. 다시 사회의 구성원으로서의 존재를 각인시키는 일종의 시작점이라고 여기는 듯하다. 나도 이곳에서는 모든 교육생의 이름을 빨리 외우려고 노력한다. 그리고 최대한 많이 부른다.

사실 이름 말고도 호칭 방법은 다양하다. '저', '거기', '옆에 계신 분', '앞에 앉아 계신 분' 등 여러 가지 지칭으로 부르기도 한다. 물론, 단발성 대형 특강에서는 양해를 구하고 어쩔 수 없이 그렇게 한다. 다만 시간이 충분히 있다면 정과 정성을 담아 이름을 불러드린다.

이름을 신경 써서 불러주는 것은 상대방의 존재를 인정하고 기억하고 있다는 의미다. 그렇기에 중요하다. 나는 그 예의를 제대로 갖추고 싶다. 기꺼이 나에게 시간을 내어준 교육생들에게. 그들과 친해지고 싶고, 그들의 존재를 증명해주고 싶다.

스타벅스 매장에서는 커피가 나오면 회원의 닉네임을 불러준다. 나의 닉네임은 '진이지니'다. 옆에 '팅커벨님', '운동 좋아님', '네버 스톱님'도 커피를 받아 간다. 가끔 민망해서 부리나케 커피를 받아 밖으로 나오다가도 피식 웃게 된다. 왠지 각자의 캐릭터가 선명하게 느껴져서일까? 성인이 다 되어서 닉네임으로 불린 게 웃기고 즐겁다.

스타벅스의 CEO 하워드 슐츠는 직원이 고객의 이름을 불러주고, 고객이 커피를 받아 가는 과정에서 교감을 하는 게 중요하다고 강조한다. 고객이 직원에게 제대로 된 서비스를 받고 있다는 느낌을 줘 스스로 세련된 사람이라고 인식할 수 있도록 만든다고 말한다. 모든 이름에는 저마다의 특별한 의미가 담겨 있다. 어쩌면 다른 사람과 나를 구별하기 위한 고유의 것이다. 나를 가장 잘 나타내고, 나의 존재를 가장 쉽게 표현하는 방법이다. 그래서 중요하다.

한동안 가수 오디션 프로그램이 열풍이었다. 그중 '무명 가수'의 경연대회 프로그램도 화제였다. 참가자들은 처음에 이름이 아닌 숫자로 불렸다. 1호 가수, 2호 가수, 3호 가수. 심지어 '몇 호 가수'라는 호칭도 사전에 치열한 경쟁을 통해 얻었다. 그들의 꿈이 참 고달파 보였고, 부여받은 숫자조차 소중해 보였다. 결승이 다가오자 숫자가 아닌 본인의 이름이 공개되고, 그들은 '몇 호'가 아닌 본인의 이름으로 불렸다. 마침내 세상에 자신의 이름을 알리게 된 것이다. 이후 프로그램 홈페이지에 달린 댓글이 아직도 기억에 선하다. '서로의 이름을 부른다는 것은 참 감동적인 일이네요.' 그렇게 이름의 가치를 한 번 더 깨닫는다.

프로그램 소개글을 찾아보니 '승자만이 되찾을 이름'이라는 문구가 눈에 띈다. 경연이 아닌 일상에서는 모두가 이름을 부르고 불러서 승자와 주인공이 될 수 있다고 믿는다. 소속된 곳에서 인정받으면 이름 앞에 직함이나 직책이 붙기도 한다. 그렇게 나의 정체성을 부여받는 것이 우리다. 그럼 이름은 어떻게 부르는 게 좋을까?

조직이나 직장에서 만나면 이름 뒤에 직함이나 직책을 부르면 되니 깔끔한데, 아무런 이해관계가 없는 사이에서는 더 어렵다. 이때는 정중하게 상대방의 이름부터 묻고, 이어 호칭을 어떻게 하면 좋을지 함께 묻는 것이 좋다. 참고로 "진이 씨", "진이 님"이라는 호칭은 수평적 호칭이기에 가장 무난하다. 수직적 호칭은 서로 높고 낮음을 만들어내기 때문이다. 더러 새로운 관계가 필요하다면 새로운 호칭이 필요하다. 예를 들면, 아빠학교에서는 "누구 아빠"라고 부르며 아이와 아빠의 관계를 돈독히 한다. 글쓰기 동아리에서는 서로 멋진 필명(筆名)을 부르며 작가로서 뿌듯함을 느낀다.

이름은 우리가 원하는 것을 채워준다. 이름 그 자체, 직책과 직함, 나의 캐릭터를 보여주는 닉네임, 또 다른 나를 발건하게 만드는 새로운 호칭까지. 그래서 이름은 많이 불러주고, 잘 불러주면 더욱 좋다. 제대로 이름을 불러주는 것만으로도 내 편을 만들 수 있다. 이름은 닳지 않는다. 그러니 많이 부르자. 상대가 존중받고 있다고 느끼도록.

상대방이
대답하기 좋은
질문을 하라

"어제는 뭐 했어?"

옆자리 선배가 A에게 질문한다. 그러자 월요일 아침, 아무 생각 없이 출근한 A는 갑자기 별의별 상상을 하게 된다. '어제? 왜 물어보지? 단순한 안부를 묻는 건가? 내 인스타그램이라도 봤나? 나오늘 지각도 안 했는데? 너무 딱 맞춰왔나? 일찍 오라는 의미인가? 금요일 퇴근 전에 무슨 얘길 했었더라?'

"아, 저 그냥 있었어요."

A는 뾰족한 답변이 생각나지 않아 얼버무리고 만다. 선배가 바로 다시 묻는다.

"그래? 나 이번 주 수요일 연차잖아. 요즘 젊은 친구들은 쉬는 날 뭐하고 노는지 궁금해서."

그제야 A는 스르르 풀어져서 편하게 말한다.

"아, 저 어제는 전시회 다녀왔어요. 오픈 당일이라서 사람들이 많더라고요. 그래도 작품들이 너무 좋아서 다시 가보고 싶어요. 이번 주까지 예매하면 얼리버드 티켓이라 조금 더 싸요. 참, 수요일은 '문화가 있는 날'이라 무료라고 하는 것 같던데요? 수요일, 딱이네요. 시간 괜찮으시면 가보세요, 선배님!"

처음에 A는 왜 대답을 망설였을까? 이어서 A는 왜 대답을 술술 늘어놓았을까? 사실 선배의 두 질문에는 미묘한 차이가 있다. '어제 뭐 했어?'라는 첫 번째 질문에는 선배의 의도가 명확하지 않다. 단순한 질문인지 다른 의미가 있는 것인지 파악이 쉽지 않다. 두 번째 질문에는 정보를 얻겠다는 선배의 분명한 의도를 알 수 있다.

우리는 질문을 함으로써 상대방에게 생각을 강제 요구할 수밖에 없다. 질문 자체가 짐스러울 수 있다. 그러므로 의도가 보이는, 예측 가능한 그래서 반문하지 않아도 되는 질문이 좋다. 부담 없이 답할 수 있는 질문 자체가 상대방에 대한 배려가 담긴 것이라고 생각하면 된다. 또한, 답하기 어려운 추상적인 질문보다는 구체적인 질문이 좋다.

가령 친구에게 "좋은 스마트 워치 있어?"라고만 묻는다면 어떨까? 친구는 스마트 워치를 사려는 것인지 혹은 단순히 궁금해서 물어보는 것인지 예측하기 어려울 것이다. "왜 궁금한데? 사려는 거야?"라고 반문할 수밖에 없다. 이런 경우 최소한 "나 야간 근무하면서 시계를 많이 보잖아. 다른 동료들은 다 찼더라고. 과연 업무에 도움이 될까?" 정도는 되어야 한다. 그래야 친구가 아는 범위 안에서 적당한 스마트 워치를 골라 줄 수도, 업무상 필요가 없을 것 같다며 추천하지 않을 수도 있다. 질문으로 가치 있는 정보를 얻고 싶다면 상대가 답하기 쉬운 질문을 하자.

더불어 관심을 갖고 노력한 질문이라면 분위기가 한결 부드러워질 수 있다. 상대방 또한 보답하는 마음으로 대답을 제대로 해야겠다는 생각이 든다. 유튜브 '문명특급'의 진행자 재재에게 게스트였던 배우 윤여정이 인터뷰 끝에 "재밌게 잘 해줘서 고마워요. 공부를 많이 해왔네"라는 감사 인사를 건넨 적이 있다.

당시 영화 〈미나리〉에서 할머니 '순자' 역으로 열연한 윤여정은 제93회 아카데미 여우조연상을 수상하며 세계적인 배우로 거듭났다. 영화 개봉 전후에 수많은 인터뷰를 소화하면서 수십, 수백 가지의 질문을 들어왔을 그녀가 이런 말을 했다는 것은, 그만큼 인터뷰가 만족스러웠던 것이리라.

"내가 인터뷰를 많이 하니까 공부 하나도 안 해와서 '올해 연세가 어떻게 되시죠?' '몇 년도에 데뷔하셨어요?' 이런 질문을 하는 기자들이 있으면 '인구조사 하러 나왔냐'고 푸념을 해요"라고 털어놓기도 했다. 인터뷰하는 대상에 대해 제대로 알아보지도 않은 일부 인터뷰어와 달리 수십 년이 된 영화까지도 찾아본 진행자의 노력을 높이 산 것이다.

품격 있는 진행자들은 늘 상대에 대한 관심과 배려가 바탕이 되는 질문을 건넨다. 너무 공격적이지도, 그렇다고 소극적이지도 않은, 은은한 느낌의 질문이랄까. 그래서 자연스럽고 부담이 없다. 그들의 질문은 구체적인 칭찬을 섞는 패턴과 부드럽고 예의 있게 침범하는 패턴으로 나뉜다. 상대방이 좋아할 만한 질문을 구체적인 칭찬을 섞어 툭 던질 수 있다.

"한 작품으로 20번의 수상을 했다는 것은 경이로운 기록입니다. 결과를 만들어낸 그 과정이 궁금합니다. 수많은 노력이 있었겠죠?"

"이렇게 놀라운 성과에 수많은 외신이 주목하고 있습니다. 원동력이 뭘까요?"

"작년에 비해 올해 경기는 성적이 세 단계나 올랐습니다. 비결이 있을까요?"

다만 질문은 일종의 침범하는 행위다. 상대방의 일상에 살짝 발을 들여놓기도 하고, 심도 있게 파고들어가야 할 때도 있다. 예의 있게, 조심스럽게, 기분 나쁘지 않게 '~이지만 ~인가요?'라는 질문을 던져도 좋다. 눈치를 보듯, 센스 있게 묻는 것이다.

"문외한인 제 생각이 틀릴 수도 있지만, 이번 프로젝트는 20대 청년들을 위한 거죠?"

"다 소중한 작품이겠지만 가장 기억에 남는 작품이 있을까요?"

"조심스러운 질문입니다만 이번 기획은 절반의 성공으로 평가받고 있는데, 어떻게 생각하시나요?"

끝으로 상대방이 흥이 나도록 돕는 유쾌한 리액션이 틈틈이 가미된다면 말하는 당사자의 답변에 힘을 돋울 수 있겠고, 그 분위기에 힘입어 기대 이상의 정보와 그 이면의 깊은 이야기도 오갈 수 있다. 기억하라. 공식적인 자리든, 사적인 자리든 좋은 대답은 상대방이 대답하기 좋아하는 질문에서 나온다.

같은 말 다른 느낌,
단어 선택의
중요성

두 명의 면접자가 있다. 둘의 단점은 같다. '예민'하다는 것. 다만 이것을 표출하는 방식이 다르다. 면접관이 묻는다.

"본인의 단점은 무엇인가요?"

A는 이렇게 답한다. "저는 예민합니다. 늘 신경이 곤두서 있어서 불면증에 시달립니다." 반면, B는 이렇게 답한다. "저는 예민할 만큼 예리합니다. 늘 집중하는 까닭에 매사에 실수가 없는 편입니

다. 잠이 오지 않는 밤이면 감정 일기를 쓰며, 저를 다스리고 주변을 돌봅니다." 어떤 답이 더 매력적인가?

이번 시즌 원피스를 많이 판매하는 것을 목표로 프레젠테이션을 준비하는 두 명의 발표자가 있다. A 발표자는 이렇게 말한다. "편안한 원피스입니다." 반면, B 발표자는 이렇게 말한다. "신축성이 좋아 허리가 시원하고 편안한 스판 원피스입니다." 어떤 소개가 더 어필되는가?

회의에서 팀장의 브리핑 내용에 이의를 제기하는 두 명의 팀원이 있다. A는 "그건 아닌데요. 팀장님"이라고 하는 반면 B는 "팀장님, 실례지만 이런 건 어떻게 생각하세요?"라고 말한다. 어떤 이의제기가 더 부드러운가?

세 가지 사례 모두 B의 말하기 방식이 압승이다. 그렇다면 B가 가지고 있는 승리조건을 하나씩 살펴보자. 먼저 첫 번째 상황은 말의 뉘앙스를 긍정적으로 이끌었다. 같은 의미의 내용이라도 적절한 분위기에서 긍정적인 단어를 사용하면 그 의미가 달리 해석된다. 한마디로 분위기가 좋은 쪽으로 흐르게 된다.

예를 들어, 누군가 "커피 한 잔 마시고 가요"라고 제안했는데 거절해야 한다면 "아니요, 저는 아까 마셨어요"보다는 "감사합니다. 다음 일정이 있어요. 다음에 꼭 마셔요"라고 하는 것이 낫다. 앞으로 관계를 이어나갈 의향이 있다면 후자를 권한다. '아니', '안'과 같은 부정적인 단어를 쓰는 것보다 그 상황을 긍정적으로 매듭지을 방법을 찾아보자. 좋은 쪽으로 재해석하거나, 또 다른 가능성을 열어두는 것이다.

두 번째 상황은 구체적인 표현 덕분에 이해하기가 수월했다. 사람은 머릿속에 그림이 연상될 때 더 쉽게 공감한다. 한마디로 듣는 사람이 머리에 그림을 그릴 수 있도록 구체적으로 표현해주면 좋다.

쉽게 말해 '잘생긴 사람', '예쁜 사람'이라는 표현은 막연하지만, '조인성', '김태희'를 이야기하면 바로 떠오르는 것처럼 말은 구체적일 때 더 힘을 갖는다. 의미가 더 정확하게 전달된다. 구체적인 명사나 고유명사를 활용하면 더 친절한 말하기가 가능하다. 또, 시각과 더불어 청각, 후각, 촉각 등 감각적인 부분을 표현했을 때는 마치 그 장면이 눈앞에 펼쳐지는 것처럼 느끼게 만들 수 있다.

세 번째 상황은 의견을 완곡하게 표현했다. 의견을 직설적으로 밝히지 않고 은근히 드러내는 방법이다. 의견은 직설적으로 표현해야 하는 것이 맞지만 상황이나 사람에 따라서 분위기를 살펴야 할 때가 있다. 심적인 불쾌감을 줄 수 있다고 판단된다면 이른바 '쿠션 화법'을 사용해보자. 부탁하거나, 거절하거나, 부정적인 의견을 꺼낼 때는 곧바로 단호한 의사 표현을 하는 것보다 앞에 충격을 완화시켜 주는 쿠션을 대듯이 미안한 마음을 먼저 전하며 분위기를 풀어준다. 상대방의 감정이 상할 가능성을 최대한 낮추고, 공손하게 의견을 제시해 기분 좋은 상황을 이어갈 수 있게 하는 것이다.

이 3가지의 승리조건과 더불어 또 하나 제시하고 싶은 방법은 '같은 의미를 지닌 여러 단어들을 다양하게 써보는 것'이다. 같은 말이라도 더 재미있게, 더 풍부하게 표현하는 사람이 있지 않은가? 그 또한 어휘력과 표현력에 차이가 있다. 같은 말이라도 다르게 표현했을 때 훨씬 맛깔스럽고, 흥미로워진다.

몇 년 전 작사가 박주연의 인터뷰가 화제된 적이 있다. 그녀는 변진섭의 〈숙녀에게〉, 김민우의 〈입영열차 안에서〉, 임창정의 〈그때 또다시〉 등 수많은 히트곡의 가사를 써낸, 90년대 최고의 작사가 중 하나로 손꼽힌다. 그녀의 인터뷰에서 얻은 힌트를 말할 때도 적용해보면 좋을 것 같다.

그녀는 사전을 자주 찾아보며 유의어들을 작사노트에 정리한다고 한다. 같은 의미를 지닌 단어라고 해도 자세히 보면 뉘앙스가 다른데, 그 차이를 알면 표현하고 싶은 바를 정확하게 해낼 수 있다고 한다. 예를 들어 '갑자기'의 유의어인 '문득', '홀연히', '별안간', '벌컥', '언뜻', '후닥닥', '엉겁결에',

'느닷없이', '난데없이' 등을 알고 있다면 자신의 느낌과 더 가까운 단어를 택하면서도 작곡가가 양보하지 못하는 멜로디와 숫자에 맞춰 단어를 쓸 수 있다는 것이다.

어휘력은 단번에 나아지는 것이 아니다. 글과 자주 눈이 마주치고, 의식적으로 읽어 내려가는 습관이 있어야 한다. 특히 모바일 화면에 맞춰놓은 짧은 호흡의 글보다는 종이에 쓰인 긴 호흡의 글을 추천한다. 비교적 완벽한 문장으로 구성되어 있으면서 현안도 살펴볼 수 있는 종이 신문이면 더 좋겠다. 함께 유의어 노트까지 만든다면 금상첨화다. 어휘력, 문장구성 능력과 더불어 풍성한 표현력까지 1석 3조의 효과를 기대해보자.

말에
채움이 있다면
비움도 있어야 한다

"음, 제 생각에는 어… 이게 민법에 명시되어 있는 건데요. 음, 우리나라는 상당히 모호하게 되어 있습니다. 어… 이게 해외의 사례는 훨씬 명확합니다. 당연히 어… 우리가 심도 있게 봐야겠고요. 음, 한 번 더 말씀을 드리면……"

한 포럼에서 법학 교수가 발표를 진행하고 있다. 깔끔하고 말쑥한 모습의 그는 등장부터 플래시 세례를 받는다. 자타가 공인하는 최고의 전문가가 오랜만에 무대에 선 만큼 그의 제자와 내로

라하는 학계 전문가들이 청중으로 참여했다.

그러나 그가 연단에 오르고 5분도 되지 않아 많이들 지루한 눈치다. 말과 말 사이에 군더더기 같은 '음, 어'라는 소리가 듣기 거슬린다. 듣다 보니 정말 중요한 내용이 어느 지점부터 귀에 잘 들어오지 않는다.

이 법학 교수가 쓴 '음, 어'는 일종의 '군더더기 말'이다. 군더더기 말은 나도 모르게 툭 튀어나오는 경우가 많다, 이유가 뭘까? 언어학자들이 설명에 의하면, 말을 하는 도중에 단어가 생각나지 않거나 표현을 고르는 과정에서 말의 유창함이 떨어지게 되는데, 사람이 그 공백을 참지 못해 무의식중에 군더더기 말을 넣는 것이라고 한다. 또, 심리적으로 불안해 군더더기 말을 남발하면서 생각할 시간을 버는 발표 불안증(Speech Anxiety), 언어 공포(Logophobia) 때문이기도 하다. 문제는 이게 계속되면 일종의 말더듬증처럼 오해를 살 수도 있다.

더러 이 군더더기 말로 사람의 심리를 알아낼 수도 있다고 한다. 몇 가지 예를 보면, '아하' 하고 공감할 수도 있겠다. '음, 어,'는 천천히 생각하거나 논리적으로 이야기하기 어려울 때 따라온다. '자'는 상대에게 무언가를 작정하고 전할 때 쓴다. '그런데'는 주의력이나 집중력이 부족할 때 말에 부연 설명을 하기 위해 덧붙인다. '간단히 말해서'는 마음이 급할 때 활용한다. '이를테면'은 이야기를 비유적으로 건네는, 표현력이 풍부한 사람이 자주 쓴다. 필요할 때도 있겠지만 의미 없이 쓰는 건 삼가야 한다. 전하고자 하는 중요한 메시지가 묻힐 수도 있기 때문이다.

다른 법학 교수의 발표도 살펴보자.

"대부분은 주지 않는 경우죠, 주지 않는 경우죠. 보호자는, 보호자는 세무서에 신고하면 됩니다. 네, 좋습니다. 좋습니다. 질문 주세요. 질문 있나요? 질문."

버퍼링이 아니다. 중요하다고 생각하는 말을 계속 한 번 더 건네는 것이다. 군더더기 말에 이어 반복되는 말도 정말 필요한 말에서나 필요하다. 하지만 듣는 이에게 방해가 된다면 의식적으로 덜어내야 한다. 내용이 가볍게 느껴지거나 핵심이 드러나지 않을 수 있다. 흡인력도 떨어진다.

　사실 우리의 말에는 불필요한 게 참 많이 들어가 있다. 이른바 '말 다이어트'가 시급하다. 빼도 되는 말은 과감하게 생략해 간결하게 유지해보자. '나는, 저는, 저의, 그건, 이건' 과 같은 반복적인 주어, '그리고, 그래서, 그러니까, 그게, 근데'와 같은 접속사를 덜어내보자. 정말 강조해야 하는 부분만 꾹 눌러서 강조하자.

　하나 더, 군더더기 말과 반복되는 말을 줄이기 어렵다면 여유를 갖자. 한 템포 쉬어가도 괜찮다. 단어와 단어 사이, 문장과 문장 사이의 쉼이 있으면 오히려 듣는 사람이 수월하다. 상대방을 버겁게 만들지 말자. 말도 채움이 있다면 비움도 있어야 한다. 그래야 쉬어가며, 이해하며 들을 수 있다. 어쩌면 여유를 갖고 말을 하는 건 듣는 사람에 대한 기본적인 예의다.

군더더기 없이, 반복 없이 담백한 형태로 '나'의 말이 '너'
에게 성공적으로 전달되길. 그래서 가벼운 마음으로 스며들
듯 이해가 되길. 일단 군더더기 말과 반복되는 말부터 줄이
면 절반은 성공이다.

약간의 빈틈을 보이면
호감이
상승한다

'실수하면 어쩌지?' 한때 나는 이 생각을 떨쳐버릴 수 없어서 괴로웠다. 조금 더 정확히 표현하자면 '실수는 절대 용납할 수 없어!'가 맞겠다. 실제로 이 생각들이 강박증이 되어 오랜 시간 나를 고단하게 만들었다. 열을 잘하고도 하나를 그르치면, 집으로 돌아가는 내내 완벽하지 못했다는 자괴감과 우울함이 엄습해왔고, 침대 위에 누워서도 수차례 이불킥을 날리기 일쑤였다. 마이크 앞, 청중 앞에서 시시각각 직·간접적인 평가를 받는 나로서는 어쩔 수 없는 일이라고 여겼다. 평생 숙명처럼 짊어지면 된다고 착각했다.

하지만 그건 정말 착각이었다. 그걸 운명으로 여기기에는 감정 소모가 너무 컸고, 그 불안한 감정을 늘 안고 살기에는 버거웠다. 가장 큰 문제는 실수하면 안 된다는 엄청난 부담감 때문에 실수가 더 잦아지는 아이러니한 상황이었다.

"진이야, 오히려 실수하면 좋아할 것 같은데? 너무 깔끔하면 매력 없어. 우린 AI가 아니잖아."

나의 고민을 듣던 선배가 빙그레 웃으며 이 말을 건넸을 때 예민해질 대로 예민해져 있던 나는 선배의 대답이 묘안이나 테크니컬적인 것이 아니어서 다소 힘이 빠졌었다. 얼마 후에 같은 고민을 친구에게 얘기했더니 "뭘 그렇게 진지해. 실수하면 재밌잖아. 능구렁이처럼 넘어가. 편하게 해야 상대방도 편하지"라고 시원한 답이 돌아왔다. 그리고 어느 순간 나도 '맞아, 애초에 완벽할 필요가 없었어. 누가 완벽하라 했던 것도 아니잖아'라는 생각이 들었다. 그러자 몸과 마음의 긴장이 풀리면서 모든 것이 한결 편안해졌다.

이후로는 많이 나아지기는 했지만 솔직히 아직도 '-ing' 형이다. 그래도 예전처럼 일어나지 않을 일을 미리 걱정하며 잠을 이루지 못하거나, 긴장으로 인한 실수나 틀림 때문에 여러 날 슬퍼하지는 않는다. '될 대로 되라지'라는 생각으로 걱정을 내려놓고, 다음 스텝으로 잘 나아갈 수 있는 에너지로 마음속을 채운다.

실수를 했을 때는 너스레를 떨며 말을 이어가니 그 분위기가 한껏 유쾌하게 올라가기도 한다. 또, 모두가 익숙하지 않은 낯선 상황에서는 서로 한 번 웃고 넘어갈 수 있는 여유가 생기기도 한다. 좋다. 의연하게 이어가되, 잦은 실수는 피하리라 다짐한다.

"마음을 사고 싶으면 실수를 하세요."

미국의 심리학자 엘리엇 아론슨(Elliot Aronson)이 말한 이른바 '실수 효과(Pratfall Effect)'를 주목해보자. 'Pratfall'은 우리말로 엉덩방아라는 뜻이다. 엉덩방아를 한 번 찧는 것으로 경계심을 푼다는 것인데, 한마디로 빈틈이 보이는 사람에게 호감을 느끼게 된다는 주장이다. 아론슨은 이 주장의 근거를 뒷받침하기 위해 대학생들을 대상으로 한 가지 이색적인 실험을 진행했는데, 4명의 사람이 퀴즈를 맞히는 내용을 오디오로 녹음한 후 대학생들에게 그것을 들려주고 호감도를 평가하게 했다. 여기서 퀴즈를 맞히는 4명은 연기자다.

먼저 시작한 A와 B는 정답을 잘 맞혔고, C와 D는 틀렸다. 대학생들은 지적인 A와 B에게 관심이 간다고 답했고, 이후 B가 일부러 커피를 쏟자 대학생들은 A보다는 B에게 호감을 느낀다고 응답했다. B의 실수에 인간적인 매력을 느낀 것이다. 명연설가로 꼽히는 링컨 대통령 또한 친근감을 주기 위해 대중 앞에서 말할 때 한두 번씩 일부러 말을 더듬는 척했다고 한다.

'실수 효과'는 말할 때를 비롯해 마케팅에도 적용된다. 쇼호스트를 비롯해 물건과 서비스를 판매하는 담당자들이 자주 쓰는 화법이 있다.

"빨간색 블라우스는 튀긴 하는데 그만큼 돋보이고 싶을 때는 딱이죠."

"사실 다른 기종 스마트폰에 비해 비싸게 출고됐어요. 하지만 기능을 살펴보시면 마음이 달라질 거예요."

"이 패키지가 식사가 불포함이긴 한데요. 그래도 최저 가입니다."

서비스를 이용하거나 물건을 살 때 자주 들어봤을 것이다. 판매자는 오히려 아쉬운 점을 먼저 밝혀 소비자의 신임을 얻고, 진짜 강점을 다음에 어필하는 것이다. 이렇게 마음의 빗장을 연다.

피 한 방울 나지 않을 것처럼 보이는 완벽주의자에게는 다가가는 것조차 어렵다. 사람 냄새가 나는, 부족한 구석이 있는 사람에게는 말을 건넬 용기를 낼 수 있다. 실수는 모두가 인간이라는 점을 증명한다. 반복적인 실수나 치명적인 결점이 아닌 이상 그 누구도 뭐라고 할 사람은 없다. 그리고 하나 더, 생각보다 다른 사람들은 내 실수에 관심이 없다. 그러니 실수에 얽매이지 말자.

'듣고 있다'는 반응이
대화에
활기를 더한다

'신난다', '재미있다', '계속 말하고 싶다'는 생각, 대화하면서 종종 이런 생각이 들 때가 있다. 분명 리액션 좋은 파트너가 함께 하고 있을 것이다. '쿵' 하면 '짝' 소리가 나는 악기처럼, '핑' 하면 '퐁'하고 돌아오는 탁구공처럼 합이 잘 맞는 상대와의 대화는 언제나 즐겁다. 내가 하는 말에 적극적인 반응을 보여주는 이가 있다는 것은 참 반갑고 고마운 일이다. 긴장되는 현장이라면 존재 자체가 큰 힘이 된다. 물론 내가 그러한 사람이 될 수 있다.

귀를 기울여 잘 듣는 것을 경청이라고 말한다. 지금껏 귀만 기울여 왔다면 앞으로는 몸도 기울여보자. 여태껏 마음으로만 잘 들어왔다면, 이제는 온몸으로 들어보자. 경청의 자세를 잘 알면 요긴하다. 내가 잘 듣고 있다는 걸 상대방에게 보여주는 게 필요하다. 상대방을 위한 배려이자, 나를 위한 어필인 셈이다.

『Listening』의 저자 앤드류 D. 월빈(Andrew D. Wolvin)은 듣기가 인간이 가장 어려워하는 활동 중 하나라고 말한 바 있다. 더 나아가 듣는 사람이 의사소통의 절반 정도는 책임져야 한다고 주장했다. 말을 하는 화자 못지않게 잘 듣는 청자의 역할도 중요하다. 생각해보면 말은 '너'를 향하는 행위다. 의사소통에서 '듣고 있는 너'도 막중한 책임이 있다.

경청의 자세는 훈련을 통해 얼마든지 나아질 수 있다. 타고난 기질이나 본성이 아니다. 경청하는 방법과 이때 보여주면 좋은 자세는 다양한 방식으로 연구되고 존재하고 있다. 그중 대인 커뮤니케이션을 연구한 존 이튼(John Eaton)

과 로이 존슨(Roy Johnson)의 'EARS 모형'에 대해 알아보자. 귀가 영어로 EARS인데 기억하기 참 쉽다.

경청의 자세 1단계 - E : Empathize (감정이입)

상대방에게 몰입한 모습을 보여주자. 이성적 이해를 넘어선 감정적 이입이다. 온전히 마음을 쏟고 있는 모습은 어떤 그림일까? 상상해보자. 기본적으로 상대방의 눈을 맞추는 것, 이해가 되면 고개를 끄덕이는 것, 공감하고 만족하면 '미소 짓는 것', 기쁘거나 놀라운 내용에는 '손뼉을 치는 것' 정도가 있다. 상대방은 대화가 순조롭게 이어지고 있다는 안도감을 느낄 것이다. 단, 누가 봐도 부담스러운 표정이나 말을 끊는 과도한 반응은 삼간다. 감정이입의 또 다른 아이디어가 있다면 스스로 그림을 그려봐도 좋다.

경청의 자세 2단계 - A : Acknowledge (인정)

일단 인정하자. 상대방의 말이 맞든 틀리든, 상대방의

의견에 동의하든 비동의하든 받아들인다. "그랬군요", "맞아요", "물론이죠", "그렇죠", "저 같아도 그랬어요" 등의 일종의 추임새를 더하면 대화가 더욱 깊어진다. 거리감이 느껴졌던 사이라면 그 폭도 확 줄어들 것이다.

경청의 자세 3단계 - R : Reflect (반응)

적극적으로 반응하자. 서로의 의견을 확인하고 이견을 좁히는 단계다. 비언어적 반응은 1단계의 내용을 참고하자. 언어적 반응은 '인정하기', '인정하고 질문하기'가 무난하다. 100% 수용한다면 2단계의 내용인 '인정하기'를, 듣고 의미가 분명하지 않아서 궁금한 부분이 있거나 다른 판단을 하고 있다면 '인정하고 질문하기'가 좋다. "그렇군요. 이 부분은 뭘 뜻하지요?", "그러니까 네 말은 인정할 수 없다는 거지?", "좋습니다. 다음 내용은요?" 특히 3단계는 사소한 일에 신경을 쓰고 있거나 다른 생각이 들 때 대화에 집중하기 위해서, 다음의 소재로 넘어가며 시간을 절약해야 할 때 도움이 된다.

경청의 자세 4단계 – S : Summarize (요약)

지금까지 들은 내용을 요약해서 들려주자. "그러니까 이러한 뜻이군요", "지금까지의 내용을 정리한다면 이러한 정도가 되겠네요", "이러한 단어로 정리되네요", "이러한 부분이 특히 놀라울 만큼 멋지네요" 등이다. 특히 3, 4단계는 제대로 듣지 못했다면 아예 불가능하다. 오히려 잘못 반응하고 요약하다가는 오해를 받거나 창피를 당하기 십상이다.

자, 그럼 일단 상대방의 눈을 바라보고, 몸을 기울여 들을 준비부터 하자. 경청을 넘어선 경청의 자세가 중요하다는 것을 기억하자. 생각해보면 경청의 자세는 나의 진심을 그 자리에서 쉽게 전할 수 있는 가성비가 좋은 기술이다.

소통에
온기를 불어넣는
공감 대화법

최근 A는 새로운 인생을 살겠다고 다짐했다. 10년 근속을 앞둔 직장을 과감히 그만두고, 학창 시절부터 동경해온 뮤지컬 배우에 도전하겠다는 결심을 굳혔다. 그리고 그것을 처음으로 20년 지기 친구 둘에게만 털어놓았다.

A : 나 회사 그만 다니려고. 스무 살 때부터 일만 했잖아. 가족 빚
   도 다 갚았고 나도 새롭게 시작하고 싶어. 내 것을 해보고 싶
   어. 나 뮤지컬 배우 도전해볼래.

친구1 : (한숨을 푹 쉬며) 그게 얼마나 어려운 길인데. 20대 초반 지망생들도 수두룩한데 가능하겠어? 우리 사촌 언니도 배우 지망하다가 지금 백수잖아.

내 대학 동기는 가수 지망하다가 사기도 당했어. 네 마음은 알겠는데 지금 다니는 회사 잘 다녀. 곧 과장으로 승진한다며. 나중에 후회하지 말고 그냥 다녀. 다 널 위해 하는 말이야. 뜬구름 잡지 말고 우리 현실적으로 생각하자. 나도 하루에도 수십 번은 직장 그만두고 싶어. 근데 하고 싶은 일 하면서 사는 사람은 별로 없어.

집으로 돌아가는 길 내내 마음이 무겁다. 숨이 막힌다. 다리에 힘도 풀리고 머리도 멍해지는 느낌이 들어 벤치에 털썩 주저앉는다. '괜한 말을 꺼낸 걸까? 친구 말대로 허망한 용기를 낸 걸까? 지금 잘못 생각하고 있는 걸까? 그래도 잘할 수 있다고 한마디 해주지. 10년간 고생했다고 인정 좀 해주지.' 친구1의 직언은 늘 A에게 충격요법이 되곤 했다. 상처를 주려는 게 아니라는 것은 알고 있지만 팩트폭격기 친구1에게는 다시금 모든 게 조심스러워진다.

집으로 돌아와 누워 괴로운 마음에 친구2에게 전화를 걸어 뮤지컬 배우에 도전해보겠다고 이야기한다.

친구2 : (화들짝 놀라며) 어머나, 드디어 결심한 거야? 너 고등학생 때부터 연극부, 합창단 했었잖아. 그때부터 노래와 춤이 체질인 건 잘 알고 있었지. 멋진 도전 축하해! 근데 이번 달에 과장 승진한다고 들었는데, 못내 아쉬운 마음이 드네. 나라면 급하게 퇴사하지 않고 곰곰이 생각할 시간을 가지겠어. 리스크가 크지 않게 퇴사 대신 휴직이 어떠할까 싶기도 해. 주말에 같이 고민해보자. 학원도 알아보고, 오디션 루트도 살펴보고, 차근차근 준비하자. 가족 빚 다 갚은 것도, 새로운 꿈을 꾸게 된 것도 축하해. 난 언제나 너의 편이라는 걸 기억해.

친구2의 응원 덕에 A는 다시 용기를 얻는다. 하지만 두 사람이 말했듯 당장 회사를 그만두는 것은 무리가 있어 보인다. 퇴사가 아닌 휴직을 해보는 쪽으로 마음의 가닥을 잡는다..

친구1, 친구2 모두 A를 진심으로 생각하는 마음은 같다. 다만 A는 친구1에게는 차가운 상처를, 친구2에게는 따뜻한 위로를 받았다. 친구 둘의 표현 방식에서는 몇 가지 차이가 있다.

먼저 친구1이 현실을 단정 지어 말했다면, 친구2는 지금을 보되 앞으로 비전을 제시했다. 친구1이 주변의 최악의 상황까지 꺼내며 부정적인 시각만 강조했다면, 친구2는 이 상황에서 볼 수 있는 긍정적인 면을 최대한 강조했다. 마지막으로 친구1은 너 전달법(You-message), 친구2는 나 전달법(I-message)의 방식을 구사했다. A의 마음에 빛을 선사한 것은 친구2의 말이기에 이를 주목하자.

특히 나 전달법(I-message)을 깊이 들여다볼 필요가 있다. 두고두고 긴요하게 쓸 수 있는 대화법이다. 둘이 있을 때 더 그렇다. 미국의 심리학자 토머스 고든(Thomas Gordon) 박사가 제시한 이 대화법은 부모의 역할 훈련을 위해 고안됐다. 예를 들면, "너 너무 늦었어. 늘 게으르구나"가 아닌 "엄마가 출근해야 하니 서둘러서 준비하자"가 낫고, "너 참 시끄럽구나"가 아닌 "아빠가 지금 회사의 전화를 받고 있으니 조용히 해줄 수 있니?"가 낫다는 것이다. 자녀의 감정이 상하지 않으면서도 스스로 행동을 수정하게 할 수 있는 방식이다.

모든 인간관계에서도 통용되는 이 법칙은 '나의 상황과 감정을 솔직하게 메시지로 표현해 너에게 전하는 것'이 핵심이다. 이때 상대방 스스로가 자발적으로 생각하고 해결할 수 있는 시간이 저절로 생긴다. A에게 의견을 말할 때 친구1은 '너는'이라는 말부터 꺼냈지만, 친구2는 '나는'이라는 말부터 꺼냈다. 마치 자신의 일처럼 생각해주는 느낌을 주는 것이다.

'나 전달법(I-message)'은 "왜 내 맘을 알아주지 못하지?", "왜 나를 꾸짖지?"란 오해를 절로 줄일 수 있다. 이렇게 상대방의 방어기제도 줄일 수 있고, 자기 행동에 책임감 있게 노력할 수 있게 만든다. 반면 '너 전달법(You-message)'은 부정적인 의미가 많이 내포되기에 부정적인 주체가 되는 당사자는 마음을 다치고 자존감도 다친다.

'나 전달법'은 내가 하고 싶은 말을 깔끔하게 하는 최적의 도구다. 훈련을 통해 나의 것으로 만들자. 적어도 남의 일에 초치는 사람, 남의 아픈 곳을 후비는 불쾌한 사람이 되지는 말자. 잘못 쓰이는 '너 전달법'은 오히려 문제를 악화시킨다. 반면 섬세하고 정중한 '나 전달법'은 문제의 해결을 넘어서 두 사람의 관계를 끈끈하게 만들어주는 강력 접착제가 될 수 있다.

자꾸만
대화하고 싶은
사람이 되는 비결

대화를 나누면 기분이 좋아지는 사람들이 있다. 비결이 뭘까? 물론 빼어난 외모나 좋은 인상도 호감에 영향을 주는 주된 요소 중 하나다. 호감형 인상을 위한 자기관리는 꼭 필요하지만 외형은 처음에만 강렬함을 줄 수 있을 뿐이다. 대화와 관계를 지속하기 위해서는 다른 요소가 꼭 필요하다. 나는 단연코 '리액션'을 꼽겠다.

사실 리액션은 이렇다 할 정답이 없다. 개개인의 기준

이나 감정선에 따라 알맞은 리액션이 다르기 때문이다. 분명한 것은 리액션이 아예 없는 것보다는 조금이라도 있는 것이 낫다. 더러는 흘러넘치는 것도 좋다. 그 누군가는 무액션보다는 액션, 액션보다는 리액션이라는 말을 한다. 참 공감되는 말이다.

리액션은 감정에 대한 표현이기에 무의식적으로 행하는 것이지만 후천적인 노력을 통해서 습관화 할 수도 있다. 유튜브에서 멘토로 활약 중인 김미경 강사는 "리액션은 그 사람의 성품이다"라고 말하기도 했다. 나의 공감 센서를 켜고, 상대방에게 최대한 노력을 기울여 반응을 보인다는 것 자체가 예의를 갖춘 사람이란 의미다.

리액션 부자로 꼽히는 MC 유재석의 모습을 떠올려보자. 특히 토크쇼에서의 모습을 복기해본다. 그의 리액션을 다음 4개의 키워드로 정리할 수 있다.

첫 번째 키워드, 물개 박수

유재석이란 이름 석 자를 포털사이트에 검색하면 유독 웃으며 박수를 치는 사진이 많이 뜬다. 물개가 박수를 치듯 빠르게 연달아 치는 이른바 물개 박수는 유재석의 트레이드 마크다. 특히 그 리액션은 시민들과 길거리에서 만날 때 빛을 발한다. 겸연쩍을 수 있는, 민망할 수 있는, 침체되는, 긴장되는, 적막이 흐르는 상황에서도 어김없이 박수 소리가 들려온다. 말주변이 없다고 불안해하는 초대 손님에게는 더 환대하듯 말 한마디, 한마디에 박수로 화답한다. 싱크로율 0% 개인기에도, 퀴즈를 거부하는 종잡을 수 없는 반응에도, 전혀 이해가 불가능한 4차원 대답에도, 이 박수 하나로 해결한다. 오히려 단순하게 재밌어진다.

두 번째 키워드, 잇몸 미소

유재석은 늘 웃는 모습이다. 잇몸을 다 드러내 환하게 웃는다. 그가 대중에게 인정받기 전 당시 MBC 〈느낌표〉

의 김영희 PD는 그를 캐스팅하며 이렇게 말했다고 한다.

"웃기려 하지마라. 많이 웃어줘라."

잇몸 미소는 박장대소할 유쾌한 상황에도, 마음 뭉클한 순간에도 힘을 발휘한다. 특히 마음이 시리고 아팠던 경험, 감히 위로조차 건네기 어려울 만큼 슬픈 경험을 전하는 초대 손님에게는 마지막에 빙그레 웃으며 그 자체로 말없이 위로를 전한다. 오히려 같이 펑펑 울거나 이런저런 말을 덧붙이는 것보다 백번 낫다. 내 말에 감정을 조절하지 못하며 과한 반응을 보이는 상대방은 당황스럽고 부담스럽다.

세 번째 키워드, 무릎

토크쇼의 유재석은 늘 옆모습을 보여준다. 그래서 무릎도 늘 틀어져 있다. 초대 손님을 향해 있다. 이것은 이른 바 '배꼽의 법칙'과도 연결이 된다. 1930년대 W.T 제임스는 몸통의 방향이 한 사람의 관심 정도를 결정하는 중요 요소임을 발견했다. 배꼽이 누군가를 향해 있는 것 자체가 관심이 있다는 의미란 것이다. 반면 배꼽의 방향을 다른 곳으로 돌린다면 무의식적으로 그 대화를 끝내고 싶다는 신호일 수 있다.

직장에서 후배가 어떤 이야기를 할 때 "듣고 있으니까 말해"라며 컴퓨터 화면만 바라보고 있는 사람이라면, 오랜만에 카페에서 만난 친구에게 "어, 그래, 웅" 하고 무의미한 대답으로 일관하며 스마트폰을 만지는 사람이라면 반성할 필요가 있다. 몸의 방향과 자세를 신경 쓰는 것은 대화를 나누는 상대방에 대한 기본 예절이다.

네 번째 키워드, 별명 장인

유재석의 별명은 메뚜기다. 메뚜기라는 캐릭터는 KBS 〈공포의 쿵쿵따〉 PD가 만들어준 것인데, 그를 통해 예능에서 캐릭터가 중요하다는 것을 체득한 유재석은 후배들이나 초대 손님의 별명을 곧잘 지어준다. SBS 〈런닝맨〉에서

동고동락하는 멤버들에게는 '멍지효', '기린', '스파르타', '왕코형', '양세바리', '러브 개구리' 등 친근한 캐릭터를 부여한다. 무엇이든 유재석과 함께라면 머릿속에 성격이나 이미지가 상상되는 가볍고도 유쾌한 별명이 생긴다.

가끔 의자에 앉다가 넘어져 멋쩍어하는 초대 손님의 이름에는 '꽈당'을, 과도하게 땀을 흘리는 초대 손님에게는 '폭포수'를, 긴장 탓에 말을 쉽게 꺼내지 못하는 초대 손님에게는 '고로쇠'라는 귀엽고 재치 있는 별명을 붙여 웃음 포인트를 만들고, 초대 손님은 최대한 부담을 덜 수 있도록 한다. 그것이 그들의 고유 캐릭터가 되어 대중의 뇌리에 박혀서 다른 프로그램에서도 비슷한 캐릭터로 캐스팅되는 경우도 종종 있다. 이른바 '퍼스널 브랜딩(Personal Branding), 즉 자신을 브랜드화해서 사람들에게 나를 인식시키는 것에 도움이 된 셈이다.

리액션은 기본적으로 그 대화가 즐겁다고 전해주는 신호다. 때로는 그 대화에 최선을 다하고 있다는 강력한 신호다. 상대방에게서 이러한 신호를 발견할 수 있는가? 그럼 이제는 내가 응답할 차례다.

힘을 빼고
편안하게
말하자

요즘에는 사람들이 말에 투자를 많이 한다. 고운 음성을 내기 위해 발성 트레이닝을 하고, 정확한 발음을 위해 발음 교정을 하고, 전달력을 높이기 위해 말의 요령을 배우기도 하고, 설득력을 갖추기 위해 화술을 익히기도 하고, 이에 어울리는 호감 가는 이미지를 연출하는 방안도 제시하는 시대다. 이것들을 가르치는 나는, 시대를 잘 타고난 운이 좋은 사람이다. 이 모든 커뮤니케이션 분야에 1순위 조건이 있다. 바로 '힘을 빼는 것'이다. 말을 업으로 삼는 모든 이가 천 번,

만 번 강조해도 지나치지 않는 말임을 지금도 현장에서 체감하고 있을 것이다. 말처럼 쉽지 않다는 현실도 함께.

　우리가 긴장을 할 때면 나도 모르는 사이에 몸이 딱딱하게 굳는다. 흔들리는 동공부터, 떨리는 입, 한껏 올라간 어깨, 부자연스러운 손짓, 어색한 걸음걸이까지. 온몸이 경직된 탓에 성대까지 당연히 조여온다. 더 큰 문제는 딱딱해진 입술, 그 안에서 놀지 못하는 혀 때문에 발음까지 뭉개진다. 이처럼 과한 긴장 상태는 요즘 말로 대환장 파티다. 이러한 악순환을 끊어버릴 방법으로 '스트레칭'을 추천한다. 몸, 목, 얼굴까지 풀어주는 일명 '몸 스트레칭, 성대 스트레칭, 안면 스트레칭'이다.

　중요한 발표나 대화를 앞두고, 집에서 시도해봐도 좋다. 가볍게 목부터 돌리고, 어깨를 움직여보고, 서서 말할 상황이라면 무릎이나 발목도 풀어준다. 목은 중간 부분을 보드랍게 만지거나, 살짝 짚고 놓아주며 풀어주면 좋다. 이 성대 마사지는 일명 '후두 마사지'라고 하는데, 아침마다 목이

잠기거나, 말을 많이 하는 사람에게 더 좋다.

　참고로 후두는 목 앞쪽에 있고, 단단하고 짧은 관의 구조를 하고 있다. 이 주변의 근육이 긴장되면 성대의 움직임이 부자연스럽게 되고, 점막 조직에 상처가 생기면 성대가 붓거나, 결절이 생기기도 한다. 이 움직임을 도와주는 근육을 미리 풀어주면 성대의 부담이 덜하다. 목이 풀어지니 자연스레 목소리도 편안하고 부드럽게 나온다. 얼굴의 근육은 '내가 괴물이다'라고 주문을 걸고 자유자재로 움직여보면 좋다. 입술을 상하좌우로 쫙쫙 벌린다. 그렇게 입의 움직임이 편해지면 그 안의 혀도 공간을 확보해 정확한 발음을 내기 수월해진다.

　언젠가 뮤지컬 공연을 보러가서 내내 긴장했던 기억이 있다. 무대가 아닌 관객석에 앉아 있음에도 불구하고 나도 모르게 2시간 내리 손에 땀이 찰 만큼 주먹을 꽉 쥐고 있었다. 나를 이렇게 만든 건 너무도 긴장한 무대 위 배우 탓이었다. 어떤 까닭인지 대사 실수를 시작으로, 한 번 미끄러지더니, 끝내는 자기 파트까지 놓쳐버리는 당혹스러운 상황이 펼쳐졌다. 처음부터 긴장한 티가 역력하더니, 끝내 아쉬운 모습을 보여주었다. 또 언젠가 1시간 내내 같은 자리에서 한 곳을 응시하며 특강을 진행한 강사의 모습도 생각난다. 로봇이나 AI가 직접 현장에 오면 저런 모습이겠구나 싶었다. 내 몸도 딱딱하게 굳어가는 느낌이 들기도 했다.

힘을 빼고 편안한 자세를 갖는 건 말하는 자에게는 기본기와 같다. 퍽퍽한 밤고구마보다는, 부드러운 호박고구마가 목으로 넘기기 쉽다. 거기에 달콤한 음료까지 있다면 훨씬 쉽게 소화시킬 수 있다. 우리의 말도 그렇다. 너무 빡빡하고 무거워서 무서운 긴장감을 안기기보다는 적당한 이음새와 온기, 적정한 무게감이 편안하게 실릴 때 잘 흡수된다.

나는 칭찬이 행운을 부른다고 믿는다.
칭찬은 건네는 자와 받는 자가 만들어낸 합작품이다.
뜻밖의 칭찬은 하늘에서 감이 떨어지듯 별안간 생기지 않는다.
애정을 담아 관찰하고, 따스한 말을 건네고,
순수하게 받아들여, 믿고 나아가는 노력이 필요하다.
내가 그 행운의 주인공이 된다면 더할 나위 없을 것이다.

3장

다시 만나고 싶은
사람이 되는 소통법

조언은
마음을 닫고,
질문은 마음을 연다

무얼 해도 마음이 힘든 시기가 있다. 이때는 상대방이 건네는 어떤 조언도 달갑지 않다. 못내 서럽기까지 하다. '뭘 안다고 함부로 지껄여?' 턱 밑까지 차오르는 혼잣말을 속으로 수도 없이 외친다. 특히 "너 잘되라고 하는 소리야"로 시작하는 조언을 듣고 있을 때는 그 말들이 산산조각 깨진 유리 파편과도 같다. 마음도 몸도 따갑다.

『당신이 옳다』의 저자 정혜신은 "알지 못하는 사람이 안다고 확신하며 기어이 던지는 말은 비수일 뿐이다"라고 이야기한다. 이런 경우에는 나에게 이래라저래라 하지 말라고 간곡히 애원이라도 하고 싶다. 차라리 아무도 없는 텅 빈 운동장에 서 있는 것과 같은 외로운 마음이 낫다는 생각도 든다. 내가 조언을 할 때도 이 마음을 헤아려야 한다. 꼭 조언을 하고 싶다면 부드럽고 조심스러운 질문을 권한다. 다음 상황을 참고하자.

명절에 가족들이 다 모인 자리, A는 수년째 사업에서 성과를 내지 못하고 있다.

큰아버지 : 조카. 노력하는 건 좋은데, 이제 앞가림도 해야지. 언제까지 꿈만 꿀 수는 없지 않나. 나도 사업을 해봐서 아는데 쉽지 않아. 이제는 다른 일도 알아봐. 나는 재취업이 나아 보이는데. 내가 좋은 자리 추천해줄게.

A : 알고 있습니다. 저도 미련한 거 알아요. 급한 김에 다른 일을 할 수도 있지만 그게 또 아닐 수도 있잖아요. 돈은 아르바이트

하면서 벌고 있고요. 이제는 부모님께 손도 더 벌리지 않을 겁니다.

큰아버지의 섣부른 조언이 A에게 상처를 줄 수도, 반대로 울컥하며 대드는 조카의 모습이 큰아버지에게 상처를 줄 수도 있다. 누가 잘했고 아니고를 떠나서 이 대화는 A에게 다시금 어려운 진실을 보게 만드는 불편한 상황을 연출했다.

대화가 이렇게 흘러갔다면 어떻게 됐을까?

큰아버지 : 조카. 잘 지냈지? 사업하느라 수고가 많아. 그만큼 성과가 없어서 속상하겠지만 괜찮을 거야. 사업을 해보니 다음 행보를 어떻게 걷느냐가 중요하더라고. 올해는 이런 상황을 벗어나려는 자구책이 있어? 생각하는 방향이 있으면 한번 이야기해봐. 내키지 않으면 안 해도 좋고.

A : 사실 비즈니스 모델에 문제가 있다는 말을 들어 전문 컨설팅을 받아보려고 합니다. 국가에서 무료로 지원해주는 제도가

있더라고요.

큰아버지 : 특히 어떤 부분에서 자문이 필요하지?

A : 제품 퀄리티는 좋은데, 가격 경쟁력에서 밀리고 있어요. 온라
인 플랫폼 공략도 필요해 보입니다.

큰아버지 : 같은 분야에서 일하는 다른 사람들의 방향은 살펴본
적이 있어? 기준으로 삼는 부분은 무엇인지, 조심하는
부분은 무엇인지.

A : 잘된 점에만 집중했지 조심해야 할 것들은 생각하지 못했습
니다. 찾아볼게요. 앞으로 궁금한 부분이 있으면 연락드려도
되겠죠? 잘되면 제가 맛있는 술 사서 꼭 찾아뵙겠습니다.

자신의 생각을 강요하는 듯한 첫 번째 대화와 달리 두
번째 대화에서는 "내 입장은, 내 생각은, 내 말은, 나는"이란
말을 굳이 하지 않았다. 본인이 도움이 된다고 생각하는 조
언은 배제했다. A의 상황이나 생각을 100% 이해할 수 없기
에 조심스럽게 돌려 물어봤다. 더 말할 것도 없이 A는 첫 번
째 대화보다 두 번째 대화에서 안정을 느끼고 마음을 열 수
밖에 없다. 이처럼 "~해봐", "~해라" 하는 권유형의 조언보다

는 "~해보는 게 어떨까?", "~하는 게 어때?"라는 청유형의 질문이 좋다.

조언에는 언제나 신중하자. 괜한 조언으로 상대방의 마음과 행동을 단정 짓는 것은 어리석고 교만한 일이다. 내가 하는 조언이 상대방에게는 참견이고, 불필요한 공해처럼 느껴질 수 있다. 오히려 조심스러운 순간에는 질문하자. 상대방이 다음 스텝에서 스스로 좋은 방향으로 생각을 전개할 수 있도록 북돋자.

우아한
메아리가
되자

"어떤 사람과 대화하고 싶으세요?"

대화법 강의를 시작할 때 늘 첫 번째로 하는 질문이다.

"따뜻하게 말해주는 사람이요."

"잘 들어주는 사람이요."

"이해하기 쉽게 말해주는 사람이요."

"흥분하지 않고 천천히 말하는 사람이요."

저마다의 대답에 나는 두 번째 질문을 건넨다.

"본인은 그런 사람인가요? 대화할 때 상대방은 나를 어떻게 생각할까요?"

다들 모르겠다고 답한다.

주고, 받고 또 주고, 또 받는 대화는 '나'와 '너'가 끊임없이 앎을 공유하는 일종의 탐구 행위다. 말하는 이가 바로 듣는 이가 되고, 듣는 이가 바로 말하는 이가 되는 복잡한 전달 행위이기도 하다. 이때 새로운 메시지를 재미, 행복, 기쁨, 즐거움, 슬픔, 분노, 애환, 서러움, 놀라움, 진지함, 서늘함 등의 감정과 함께 주고 또 받는다. 이 과정에서 화자, 즉 말하는 이의 메시지 전달 방식에 따라 청자, 즉 듣는 이는 편안함이나 안정감을 느낄 수도, 불편함이나 불쾌감을 느낄 수도 있다.

들는 이의 수용 방식에 따라 말하는 이의 마음도 달라지기 때문에 둘 다 신경 쓰기가 참 복잡하다. 한 사람만 애쓰는 것이 아니라 두 사람 모두 서로 애쓰면 충분히 평화로운 이해의 길로 갈 수 있다. 우리는 '나'가 될 수도, '너'가 될 수도, '듣는 이'가 될 수도, '말하는 이'가 될 수도 있다는 것을 명심해야 한다. 내가 원하는 대화의 모습을 상상하며, 나는 어떠한지 스스로 돌이켜보는 성찰의 시간이 꼭 필요하다.

이때 심호흡을 하고 편안한 마음부터 지녀야 한다. 꼭 그래야만 한다. 일촉즉발의 위기상황이나 도저히 감당할 수 없을 만큼의 바쁜 상황이 아니라면 천천히, 차분히 이어가자. 대화는 입으로만 하는 게 아니다. 입은 마음과 연결되어 있다. 테크닉과 스킬을 익혔어도 마음이 혼란스러우면 좋은 대화가 어렵다. 마음에 평정심을 되찾으면 감정이나 생각을 잘 정리해서 전하고 받을 수 있다.

"마음이 안정되어 있으면 그 말이 신중하고 여유가 있다. 마음이 안정되어 있지 못하면 그 말이 가볍고 급하다."

중국 송나라 때 주자와 그 제자인 여조겸이 편찬한『근사록』에 나온 말이다.

"고요함 속에서 참다운 지경을 보고 담백함 속에서 본연을 안다."

중국 명나라 말기에 홍자성이 지은 어록집『채근담』에 나온 말이다.

샤넬의 창시자 가브리엘 코코 샤넬은 "우아한 사람은 여유 있게 말하는 사람"이라고 말했다. 동의보감에 소개된 심주설에는 "심장이 혀를 다스린다"라는 내용이 있다. 10년간 라디오를 진행한 한 DJ는 〈Amazing Grace〉란 프로그램의 이름에 걸맞게 '우아하게 말을 적게 하자'는 기조를 지키고 있다고 한다. 모두 입과 마음의 연결성을 강조하는 말들이다. 말은 한 사람의 마음과 성격, 더 나아가 인품과 품격을 엿볼 수 있는 도구다. 끊임없는 수련이 필요하다.

가장 쉬운 방법은 '우아한 마음'으로 '말의 포즈(Pause)'를 만드는 것이다. 이때 말의 포즈는 저절로 여과 장치가 된다. 우아한 마음이라는 것은 여유를 가지고 편안함에 이른 마음을 의미한다. 입과 이어진 마음까지도 잘 단속해 표현할 수 있는 세련된 말솜씨는 잘 제련된 진주처럼 은은하게 돋보인다.

포즈(Pause)는 원래 악보를 볼 때 쓰는 용어다. 본래 박자보다 2-3배 느리게 연주하는 것을 뜻하는데, 말의 포즈는 살짝 다르다. 말하다가 잠시 쉬어가는 것이다. 듣는 사람은 이 틈에 방금 들은 말을 정리하고 다음 말을 이해할 준비를 할 수 있다. 주로 중요한 말 앞에 충분히 쉰다.

긴장감을 자아내고 집중하게끔 유도할 때도 좋다. SBS 시사 고발 프로그램 〈그것이 알고 싶다〉의 MC 김상중은 "그런데 말입니다"를 말한 뒤에 충분한 호흡을 줘서 듣는 사람을 집중하게 하고 궁금증을 자아낸다. 중요한 단어(고유명사), 주요 사람의 이름, 알아둬야 할 숫자나 수치 등을 천천히 쉼을 주고 말하면 된다. 이렇게 부각이 되는 단어나 구, 절은 더 크게, 더 멀리, 더 높게 들리며 일종의 리듬이 생긴다. 시에 운율이 있고, 음악에 리듬이 있듯이 말도 마찬가지다. 리듬이 있어야 비로소 말이 부드러워지고 생생해진다.

말은 마음에서 우러나온다. 할수록 짙어지고 갈수록 진해진다. 말이 곧 나다. 부디 나의 말은 맑은 흐름을 타고 우아한 기품이 그윽하게 느껴지기를 바란다. 평화롭게 오랜 시간 지속하면 좋겠다. 긴 호흡을 내쉬면서 천천히 말해보자. 오해하지는 말자. '휴' 하는 한숨이 아닌, '호' 하는 심호흡이다.

걱정보다는
기대를
표시하자

걱정과 기대는 늘 공존한다. 새로운 도전, 색다른 시작, 180% 바뀐 환경에서는 걱정스러운 부분과 기대감이 생기는 부분이 있다. 더하고 덜할 뿐. 늘 그렇다. 다만 이 상황을 말로 감쌀 수 있다. 와락 안길 수 있는 엄마의 넉넉한 품처럼, 보드랍게 닿는 부드러운 면처럼, 안온하고 폭신해 마음의 온도가 36.5도로 건강하게 맞춰진다. 한 번 감쌌기에 단단하고 안전해진 마음은 나를 지켜주는 수호천사가 된다. 이는 말의 온도를 계속 36.5도로 유지했기에 가능하다. 자 그럼,

말의 온도, 36.5도를 지켜내는 방법을 알아보자.

말의 온도 10도 올리기, 관심 갖기

'관심'이라는 명사에는 '따뜻한'이란 형용사가 잘 어울린다. '따뜻한 관심'이라는 표현이 익숙한 우리다. 언젠가 한 배우가 "악플이라도 달렸으면 좋겠어요"라고 고백했던 인터뷰가 떠오른다. 정말로 악플이 필요하다는 말이 아니라는 것쯤은 모두 다 안다. 관심이 절실하다는 의미다. 가족, 형제, 배우자, 연인, 친구로부터의 무관심은 정서가 흔들리고 파괴되는 원인이 될 수 있다. 자주 만나지 못하는 관계라면 전화나 메시지라도 주고받으며 안부를 묻고 답하자. 오랫동안 휩쓸고 간 차가운 냉기에 뻣뻣하게 굳은 몸과 마음이 따스한 기운에 녹기 시작할 것이다.

말의 온도 20도 올리기, 용기 주기

말의 온도를 한층 더 높일 수 있는 건 마음속에 끓어오르는 용기를 다시금 상기시켜 주는 것이다. 풀이 죽어 헤매고 있는 사람이라면 머릿속으로 한 번쯤 이런 생각을 했을 것이다. '단 한 명이라도 나에게 잘할 수 있다고 말해주면 힘이 날 텐데.' 용기를 건네는 한마디는 대단히 멋지거나 특별할 필요가 없다. 혼자가 아니라고, 그래서 네가 잘되기를 바라는 사람들이 늘 곁에 있다고만 전해주면 그만이다. 이 한마디에 몸과 마음이 더 훈훈해질 것이다.

말의 온도 30도 올리기, 응원하기

하루의 끝자락에 건네는 따뜻한 말 한마디, 마음이 불안할 때 와락 안아주는 포옹, 힘들어 지쳐 넘어졌을 때 토닥토닥 위로해주는 손, 너의 모든 날을 응원한다는 내용이 담긴 메시지, 환하게 웃으며 눈빛으로 보내는 하트 시그널. 모두 응원이라는 단어로 귀결이 된다. 잦을수록, 빈번할수록, 규칙적일수록, 계속할수록 기억하기 쉽다. 이렇게 몸과 마음을 따뜻하게 이어갈 수 있다.

말의 온도 36.5도 맞추기, 기대하기

나의 어제를 기억해주고, 나의 내일을 기대해주는 존재가 있다는 것은 크나큰 힘이 된다. 때로는 부담되지만 앞으로의 행보에 감독관이 되어줄 수도 있다. 올바른 길로 향할 수 있도록 인도자가 되어주기도 한다. 가열한 잔소리가 아닌, 힘 빠지는 걱정이 아닌, 조심스러운 고언이나 내일에 대한 기대감을 담은 응원을 건네보자. 실현 가능한 상황에서의 기대감은 더욱 힘이 실린다.

가끔 온도가 떨어지는 순간이 있겠지만 그래도 위태롭지 않다. 실패로 좌절하거나 낙담하는 사람이라도 곁에서 관심을 가져주고, 용기를 북돋고, 응원을 이어가며, 기대감을 실어주기에, 다시 꿈을 꿀 수 있다. 말의 온도를 끌어올렸다면 이제 계속 이어가야 한다.

뜻밖의
칭찬을
건네자

5년 만에 간절히 고대하던 기업으로의 이직에 성공한 A. 배울 것이 많을 선배들, 최적의 업무 환경, 무엇보다 잘 마무리된 연봉협상까지 모든 게 만족스럽다.

그런데 어쩐지 걱정이 쌓인다. 이 기업에서만 사용하는 고유의 시스템이 낯설어 헤매는 것부터 시작해서, 출퇴근이 자유로운 환경에도 불구하고 부서에서 가장 먼저 출근하고 야근까지 강행하는 유일한 1인이 되어버렸다. 그렇게 해도 적응하는 데 한참 걸릴 듯하다. 버틸 수는 있겠는데, 과연 성과를 낼 수 있을지 모르겠다.

잘하고 있는 건지 확신은 없고 매일 야근 후 막차를 타고 집에 가는 이 생활이 벅차기만 하다. 어느 순간부터 팀장과 팀원들의 눈빛이 차갑게 느껴진다. 정말 그런 것인지, 못난 마음에서 삐져나온 자격지심 때문인지 모르겠다. 과연 이게 맞는 것일까? 그렇게 한 달이 흐른 어느 날, 팀장과 함께 출장을 가게 된다.

팀장 : 요즘 어때요? 일은 할 만해요?

A : 팀장님과 팀원들에게 면목이 없어요. 양해를 구하긴 했는데, 그래도 많이 미안해요. 제 몫을 못하고 있어서요.

팀장 : 그건 아닐 겁니다. 회사에 제일 오래 머물면서 열심히 하고 있잖아요.

A : 그걸 어찌 아셨어요?

팀장 : 다 알 수 있지요. 근데 왜 야간 근무, 주말 근무까지 하고 수당 신청은 안 하세요? 권리는 스스로 챙기는 겁니다. 그리고 팀원들 모두 A 씨의 도움을 받고 있습니다. 업무가 능숙해지기 위해서는 시간이 필요한 법이니 너무 염려 마세요. 건강 챙겨요. A 씨가 아프면 나도 손해예요.

그러자 A는 그간의 불안과 걱정이 눈 녹듯이 사라진다. 예상하지 못한 순간에 들은 칭찬은 몇 달 동안 자괴감에 빠져 있던 A에게는 구원과도 같았다. 덕분에 초라한 마음은 덜어내고 안정을 되찾는다. 비워둔 공간은 나에 대한 믿음으로 채워본다. 신기하게 뜻밖의 칭찬을 받은 이후로 좋은 변화가 생기기 시작한다.

소심하기만 하던 A의 마음에 용기를 한 스푼 더하게 되자, 동료들과의 대화가 수월해진다. 쭈뼛쭈뼛 망설이다가 하지 못한 질문과 고민을 토로하기 시작하고, 그 안에서 바로 해결을 보니 퇴근 시간도 당겨져 다음 날 가벼운 몸으로 출근할 수 있다. 일단 동료들과의 관계가 돈독해지니 사무실에 있는 게 한결 편하다. 어쩌면 팀장은 출장길 어색한 분위기를 깨기 위해 건넨 이야기일지도 모른다. 그러나 그것이 A에게는 힘든 상황을 극복할 수 있는 무한한 힘이 됐다.

『생각의 역습』을 쓴 키스호르 스리다르는 "칭찬은 예측할 수 있어서는 안 된다. 뜻밖의 순간에 이뤄지는 것이 좋다"고 말했다. 덧붙여 퇴근길의 간단한 전화, 심각한 회의가 끝났을 때, 아니면 아침에 책상에 쪽지를 붙이는 식으로 표현하면 좋다고 전한다.

실제로 뜻밖의 칭찬은 인위적이지 않고 자연스럽다. 모두가 예상한 순간에서의 칭찬은 고맙기는 하지만 기억에 오래 남지는 않는다. 예상치 못한 순간의 칭찬은 새로운 자극이 되고 놀라운 효과를 만들 수 있다. 물론 긍정적인 방향으로 말이다. 이는 나를 평소에 관찰하고 있는 사람만이 할 수 있다. 그래서 진짜다. 작은 칭찬이라도 좋다. 의외의 것을 콕 집어서 해보자.

"가장 먼저 도착하셨네요. 늘 부지런한 모습, 닮고 싶어요."

"항상 꼼꼼한 모습 보기 좋아요. 덕분에 기획서에 오타를 발견했네요."

"식사 후에 창문을 열어줘서 우리 사무실은 환기가 잘 되네요."

"역시 패션에는 일가견이 있어요. 이 대리를 보면 요즘 유행을 읽을 수 있더라고요."

회사 내에서 가볍게 쓸 수 있는 칭찬들이다. 관심을 담아 관찰하지 않았다면 꼽아내지 못하는 부분들이다. 업무능력이든 일상의 행동이든 좋다. 뜻밖의 상황에, 뜻밖의 행동을, 뜻밖의 순간에 칭찬하자.

나는 칭찬이 행운을 부른다고 믿는다. 이는 칭찬을 건네는 자와 칭찬을 받는 자가 만들어낸 합작품이다. 그리고 뜻밖의 칭찬을 세렌디피티(Serendipity)에 비유하고 싶다. 우연히 얻은 좋은 경험이나 성과를 뜻하는 세렌디피티는 럭키(Lucky)와는 엄연히 다르다. 모두 행운이란 뜻이긴 하지만 속뜻에는 차이가 있다. 럭키는 '가만히 있어도 찾아오는 행운'이란 뜻이고, 세렌디피티는 '움직이고 노력해 생긴 뜻밖의 행운'이라는 뜻이다. 구글의 창업자 세르게이 브린은 "구글이 성공할 수 있었던 이유는 럭키가 아닌 세렌디피티에 있다"고 말해 두고두고 회자가 되고 있다.

세렌디피티와도 닮아 있는 뜻밖의 칭찬은 하늘에서 감이 떨어지듯 별안간 생기지 않는다. 전하는 자의 지속적인 관찰력과 따스한 정성, 받는 자의 순수한 받아들임과 믿고 나아가는 노력이 필요하다. 어느 쪽이든 좋다. 그렇게 내가 세렌디피티를 선사하는 주인공이 된다면 더할 나위 없다.

생각을 잘 정리해야
말도
잘 전할 수 있다

"사색 없이 만들어진 문장은 타인의 머릿속을 혹사시킨다."

18세기 초 철학자 쇼펜하우어가 쓴 『문장론』 속 한 구절이다. 이 문장을 읽고 갑자기 뜨끔했다면 둘 중 하나다. 생각이 너무 많아서 말하기가 어려운 사람이거나 생각이 많지 않아서 말하기가 두려운 사람이거나. 전자는 상대방의 머릿속을 복잡하게 만들 수 있고, 후자는 상대방의 마음속을 답답하게 만들 수 있기에 신경 쓸 필요가 있다. 자, 그렇다면 알아두면 쓸모 있는 말하기 전략 2가지를 알아보자.

1. 할 말이 많다면 숫자를 매겨 말해보자

말을 잘하는 사람은 숫자를 좋아한다. 숫자 중에서도 '3'을 유독 좋아한다. 마법의 숫자라고까지 말하는 이들도 있다. 그만큼 기억하기 좋기 때문이다. 아마도 말 잘하는 방법에 관한 책이나 명강의를 접한 사람이라면 한번쯤 들어봤을 것이다. 우리가 신경을 쓰지 않을 뿐 PT, 연설, 강의, 회의, 보고, 면접 이외의 수많은 공식적 말하기를 비롯해서, 드라마나 영화, 소설, 연극 등과 같은 콘텐츠를 구성할 때도 널리 활용된다.

유독 '3'이 많이 활용되는 건 프레젠테이션 현장이다. 애플의 CEO 스티브 잡스는 전체 내용에 대한 로드맵을 '3'이란 숫자로 짰다. 프레젠테이션도 3막, 제품 설명도 3막, 제품 시연도 3부로 구성했다. 경쟁 업체인 마이크로소프트의 CEO 스티브 발머도 제품 설명회에서는 3의 법칙을 활용한다. 연설의 현장에서도 마찬가지다. 미국의 전 오바마 대통령과 전 케네디 대통령 또한 연설문을 작성할 때 일단, 1, 2, 3 혹은 첫째, 둘째, 셋째로 숫자를 달아 할 말들을 정리했다고 알려진다. 핵심 영역이나 요점을 3가지로 나누기도 하고, 해결책을 3가지로 제시하기도 했다.

나에게 익숙한 강의 현장에서도 자주 3의 법칙을 활용한다. "이 3가지가 중요합니다"라고 말하면 교육생들은 일단 1, 2, 3부터 쓰고 다음 내용을 기다린다. 『강의의 스킬』을 쓴 최창수 저자는 "강의할 때 주장에 대해 3의 법칙을 적용해 3가지 근거를 펼쳐라, 강의의 중요한 핵심 키워드를 3가지로 만들어라, 게임이나 실습할 때 피드백을 3가지로 말하라"고까지 강조한다.

매년 열리는 공공 HRD대회(국가공무원인재개발원에서 주관하는 일종의 공무원 대상 프레젠테이션 대회)에서 수상자들 대부분은 학습 목표도 3가지, 본 학습 내용도 3가지, 다음 학습 내용도 3가지로 전한다. 숫자 '3'이 아니라도 좋다. 늘 모든 말이 3가지로 나뉠 수 있는 건 아니기에. 그렇다면 이 넘버링(Numbering)이라고 불리는 숫자 활용법을 말할 때는 어떻게 적용할 수 있을까?

"핵심 메시지는 하나입니다."
"오늘 말씀드릴 내용은 3가지입니다."
"두 가지 키워드를 기억해주세요."

이런 식이면 좋다. 일단 할 말들을 단어로 뽑아내고, 중요한 것부터 숫자로 매겨보자.

2. 할 말이 없다면 장황하게 이야기를 해보자

쓸데없는 말을 하라는 의미가 아니라 발상의 전환을 해보자는 것이다. 말을 깔끔하게 하다못해 빈약하게 하는 사람들의 특징은 사실만을 전달한다는 것이다. 물론 시간이 충분하지 않을 때나 일촉즉발의 상황일 때는 그래야만 한다. 그리고 기본적으로 말은 단순하고 깔끔하면 좋다. 그러나 상대방이 내가 하는 이야기를 귀담아들으려는데, "네", "아니오"라고 단답형으로 대답하는 것은 찬물을 끼얹는 행위나 다름없다. 그럴 때는 이야기를 길게 펼쳐보자. 이때 나의 이야기가 가장 좋다. 나만이 할 수 있기에 특별하다. 이야기로 들으면 화자의 감정이 잘 전달되고 상대방의 감정을 움직이기 수월하다.

동기부여 전문가이자 작가인 지그 지글러(Zig Ziglar)는 "논리는 사람들을 사고하게 만들지만, 감정은 사람들을 행동하게 만든다"고 말했다. 이야기는 기억에 오래 남는다. 머릿속에 구체적으로 그림이 그려지기 때문이다. 이걸 우리는 스토리텔링(Storytelling)이라고 한다.

예를 들면, "소화가 잘되는 음식입니다"라고 설명하기보다는 "락토프리 우유만 찾는 저도 먹어보니 속이 편하더라고요"라고 말하는 게 낫고, "이 스마트폰 배터리는 10시간 이상 갑니다"보다는 "제가 경험해보니 아침 9시에 출근해 저녁 7시에 퇴근할 때까지 따로 배터리를 충전하지 않고도 버틸 수 있습니다"가 기억에 남는다. 물론 내가 경험하지 못했다면, 내 주변인의 이야기, 알려진 이야기도 괜찮다. 스토리텔러가 되어보자.

앞으로는 할 말이 많을 때는 숫자를 매겨 정리하고, 할 말이 적을 때는 이야기 형태로 풍성하게 전달해보자. 적재적소에 활용한다면 훌륭한 소통 전략이다. 지금껏 상대방이 눈살을 찌푸리고 애써서 집중하려 했다면 앞으로는 미간에 힘을 빼고 편안하게 웃으며 이해할 수 있을 것이다. 결국, 상대방이 '아하'라고 느끼며 몰입하게 만드는 건 생각을 잘 정리해서 말할 수 있는 사람이다.

할 말 다 해도
미움받지 않는
말투

대화만 하면 늘 다투는 커플이 있다. 이유가 무엇인지 그들
의 대화 일부를 살펴보자.

여 : 너, 말을 왜 그딴 식으로 해?

남 : 그딴 식? 그게 남자친구한테 할 소리야?

여 : 지금 네 말투가 거슬리니까 그렇지!

남 : 원래 이랬거든? 괜히 꼬투리 잡지마. 네 말투는 어떻고.

여 : 더 싸우자는 거야?

이렇게 싸우는 원인이 '말투' 때문인 커플이 생각보다 많다. 서로 편해진 남녀가 생각 없이 내뱉은 말투 탓에 헤어지는 경우도 주변에서 흔히 볼 수 있다. 한 결혼정보회사의 설문조사 결과 부부 10명 중 9명이 부부 싸움을 할 때 배우자의 말투에 영향을 받는다고 답했다. 특히 다툴 때는 서로를 자극하는 말투를 일부러 쓰기도 하는데, 신경질적인 말투, 무시하는 말투, 빈정거리는 말투를 악용한다고 덧붙였다.

부부 관계 전문가 존 가트맨(John M. Gottman)은 연인끼리 다툴 때 '너'라는 말을 많이 쓰면 쓸수록 빨리 관계가 끝난다고 경고한다. 이를테면 "너 그거 하지마", "넌 항상 그러더라", "너 때문에 이렇게 됐잖아"와 같은 식이다. 서로를 탓하듯, 평가하듯 단정을 짓고 비아냥거리는 말투에 기분이 좋을 수가 있을까? 그건 어떤 관계든 그렇다.

특히 '너'라는 말 자체에 반발심이 생기기 쉽다. 상대에 대한 존중은 사라지고 온전히 너의 탓이라는 책망이 들어 있기 때문이다. 굳이 '너'로 지칭하며 온갖 부정적 말을 쏟아내는 것보다는 '나'의 상황에서 기분을 상세히 설명하는 것을 권한다. '너'를 지적하기 전에 '나'의 생각과 상황을 솔직하게 말해보는 것이다. 적어도 듣는 상대가 무시당하는 느낌은 받지 않는다. 듣다가 이해가 되는 동시에 마음이 풀릴지도 모른다. 그렇다면 앞서 말싸움을 벌였던 커플의 대화를 수정해보자.

여 : 내가 바라는 게 있어. 얘기해도 될까?

남 : 바라는 게 뭔데?

여 : 우리 데이트할 때 조금 일찍 와주면 내가 고마울 것 같아.

남 : 미안해. 내가 꼭 10분씩 늦지. 내일은 꼭 미리 가 있을게.

여 : 고마워. 내일 기대할게.

이처럼 말투로 돈독해지고 깊어지는 관계도 있다. 무엇인가를 해주기를 바랄 때 "이거 좀 해줘"라는 명령형 지시 말투보다는 "이거 해줄 수 있어? 고마워"라는 청유형 부탁 말투가 좋다. 누구든 후자의 말을 듣고 기분 좋게 들어줄 확률이 높다. "미안해, 고마워"란 표현에 서툴다면 익숙해져 보자.

진심이 담긴다면 더욱 좋다. 문제가 발생하면 핑계만 대고 남 탓을 하는 사람보다는 바로 사과를 하며 잘못을 시인하는 사람이, 남의 도움을 당연하게 여기는 사람보다는 애쓴 것을 알아봐주며 고맙다고 말해주는 사람이 관계를 망치지 않고 오래도록 잘 이어간다. "미안해, 고마워"라는 말은 나의 자존심을 훼손시키는 말이 절대 아니다. 오히려 단단한 내공과 확신의 태도가 있는 사람만이 할 수 있는 말이다.

싸움의 원인이 '성격의 차이'인 관계보다 '말투가 문제'인 관계가 더 많다. 연인은 물론이거니와 부부, 부모, 친구, 동료와의 관계도 그렇다. 나에게 소중한 이를 외롭게 만들지 말자. 특히 곁에 놓치고 싶지 않은 사람이 있다면 아름다운 말투로 따뜻하게 코팅하듯 꼭 감싸 안자.

언제나
존중의 마음을
잃지 말자

"학생은 카드 결제야? 현금 결제야?"

직장인 A는 얼마 전 식당에서 불쾌한 경험을 했다. 식사 후 계산을 하려는데 대뜸 반말을 하는 주인 때문이었다. 안 그래도 앳된 외모와 작은 키가 콤플렉스인 A인데, 어려 보여서 그렇다고 하더라도 틱틱거리는 반말에 기분이 좋을 수가 없었다. 심지어 함께 간 동료에게는 존댓말을 썼기에 더 억울해서 앞으로 그 식당은 가지 않을 참이다.

"음료가 왜 이리 늦게 나와. 이거 봉투에 담아줘."

카페에서 아르바이트를 하는 대학생 B는 반말하는 손님에 이골이 났다. 으레 있는 진상 유형이라 참고 지나가고 있지만 언젠가는 폭발하지 싶다. 일이 끝나고 돌아가는 길에 마음속으로 상상한다. 반말하며 화를 내는 손님들에게 받은 대로 돌려주는 생각만으로도 속이 후련하다. 아무리 자신보다 나이가 많아도 무례한 손님은 정말이지 마주치고 싶지 않다. 자신보다 나이가 어린 손님이 반말할 때는 더 최악이다.

"나보다 나이가 어린 것으로 알고 있는데, 말 놓을게."

신입사원 C는 하나뿐인 동기가 갑자기 말을 놓겠다고 해 순간 어안이 벙벙하고 말문이 막혔다. 순식간에 자신이 아랫사람이 되어버린 느낌이다. 동기가 있다고 해서 다행이다 싶었는데, 없는 게 나을 뻔했다. 친해지자는 의미인지 일종의 기싸움인지 알 턱은 없지만 알고 싶지도 않다. 멀리해야겠다.

반말은 양날의 검이다. 물론 친밀함의 척도이자 기준이 되기도 한다. 다만 서로가 용인할 수 있을 만큼 절친한 사이에서나 해당이 된다. 양쪽 중 한쪽이라도 불편하다면 반말은 안 될 일이다. 사실 반말이 불쾌한 건 우리나라의 사회 통념상 나이나 지위 등 주로 우월한 위치에 있는 사람들이 사용하기 때문이다.

『대화의 비밀』의 천호림 저자는 "처음 보는 사람에게 다짜고짜 반말부터 하는 사람은 상대가 본인보다 약자이거나 어리다고 판단한 것이며, 우위를 점하고자 하는 심리에서 비롯된다"고 분석한다. 그렇다면 더욱 자제하는 게 맞다. 과거 한 토크쇼 프로그램의 MC가 반말로 진행을 해 게시판이 난리가 났던 적이 있다. 기껏 게스트를 초대해놓고 "그런 거였어?", "이거 아니야?"라는 식의 질문과 삿대질하는 모습도 여러 번 카메라에 포착되며 보는 내내 불편했다는 지적이 이어졌다. 이후에 그 프로그램의 MC는 지금까지도 조심하며 방송하고 있다.

당사자가 되면 더 거북하다. 2022년 '알바천국'이 아르바이트생 1600여 명을 대상으로 조사한 '가장 무례하게 느껴지는 손님' 1위에 '반말하는 손님'이 꼽혔다. '상사의 반말 사용 괜찮은가요?'라는 질문에는 '무례하게 느껴져서 싫다'라는 응답이 40.4%에 달했다. 무려 65%가 현재 근무 중인 직장에서 상사가 반말한다고 답했다.

"야"라고 말하는 상사에게는 "왜?"라고 대답하고 싶고, "너"라고 말하는 손님에게는 "나?"라고 응수하고 싶은 게 사람의 마음이다. 건네는 반말이 상대방에게 무례하게 느껴진다면 그때부터는 하지 말아야 한다. 어떤 관계든 그렇다. 혹시 지금껏 본인의 편의에 따라 쉽게 반말을 해왔다면 이제부터는 존댓말을 건네며 호칭부터 신경 쓰자. 친해지고 서로 합의 후에 반말을 하든 호칭을 편하게 바꾸든 하자. 누구에게도 내가 먼저 반말할 권리는 없다.

이별의 순간,
마지막 말에 따라
이미지가 달라진다

입사한 10년 동안 다섯 번의 인사이동을 겪은 박 과장. 공공기관의 특성상 3년 단위로 순환 근무를 하고, 부서 이동 한 번, 이사로 인해 다섯 차례나 근무지를 옮겼다.

처음에는 스트레스를 많이 받았다. 어디서 누구와 일하게 될지 알 수 없고, 새로이 적응하는 것과 끝마무리를 하는 것이 쉽지 않았기 때문이다. 마음을 나눴던 동료들과 이별하는 것은 시간이 흘러도 익숙해지지 않는다. 또, 그토록 헤어지고 싶었던 동료와 마지막 인사도 이제는 끝이 아니라는 것쯤은 잘 알고 있다. 특히 숱하게 만남과 헤어짐을 겪고 나니 첫인상만큼이나 '끝인상'도 중요하다는 것을 절실히 깨닫는다.

이 차장 : 박 과장, 이번에 우리 팀으로 올 김 대리 알죠? 전에 박
　　　　과장과 근무한 기록이 있더라고요. 김 대리 어때요?
박 과장 : 정말 좋은 후배였습니다. 그때 김 대리가 신입사원이었
　　　　는데 얼마나 열심히 하던지요. 감도 있고, 부지런하고,
　　　　특히 사람이 참 좋아요.

진심이다. 김 대리와의 마지막 날이 지금도 생생하다. 송별회 겸 회식을 하던 그날을 떠올릴 때면 웃음이 새어 나온다. 모두 한마디씩 하는 자리에서 대성통곡을 하던 김 대리의 모습이 눈에 선하다.

김 대리 : 이렇게 좋은 분들과 헤어져서 너무 슬퍼요. 우리 선배님
　　　　들 늘 격의 없이 대해주시고, 잘하지 못해도 칭찬해주시
　　　　고, 서툴러도 세심하게 알려주셔서 감사했습니다. 이렇
　　　　게 좋은 분들 또 만날 수 있을까요? 제가 선배님들을 위

해서 편지와 초콜릿 준비했습니다. 아직 돈을 벌기 시작한 지 얼마 되지 않아서 선물이 작아요.

이후에도 간간이 연말이나 연초, 명절이나 생일에 안부를 물어왔던 후배라 더 마음이 갔던 김 대리. 얼마 전 승진했다는 소식은 들었는데, 다시 같은 팀에서 일하게 된다고 하니 더욱 반갑다. 격하게 반겨주리라 다짐하는 박 과장이다.

세간의 평가라는 게 있다. 조직 내에서는 줄여서 '세평'이라고 부르기도 한다. 인사이동 철이나 스카우트 제의가 오갈 때 중요한 기준이 된다. 물론 절대적인 기준은 아니지만 그래도 아무런 정보가 없는 상황에서는 큰 힘을 발휘한다. "별로더라"보다는 "좋다더라"에 마음이 가는 게 당연하다. 이때 잘 보이기 위해 애를 썼던 첫인상도 중요하지만, 긴장이 풀리고 편해진 관계에서 매듭짓는 '끝인상'도 중요하다.

요즘 이직자들 사이에서는 퇴사 인사말도 준비하는 게 관례라고 한다. 긍정적인 끝맺음을 위해 인수인계도 제대로 하고, 다음에 언제 마주칠지 모르는 동료들에게 좋은 인상으로 기억되도록 일종의 안전장치를 마련해두는 셈이다.

여섯 단계를 거치면 세상의 모든 사람과 연결된다는 말이 있다. 1967년 하버드대 심리학과 스탠리 밀그램이 주장한 '6단계 분리이론'이 그것이다. 또, 2006년 MS사에서는 2억 4000만 명이 나눈 300억 건의 대화 기록을 분석한 결과 평균 6.6명을 거치면 연결된다는 것을 입증했다. 이후 2010년과 2011년 트위터와 페이스북이 친구 관계를 들여다보니 4.67명, 4.74명으로 줄어든 것을 알 수 있었다. 갈수록 더 좁혀질 것은 분명하다.

우리는 모두 연결되어 있다. 여섯 단계가 아니더라도 두세 단계만 거쳐도 "아, 그 사람"이라고 알 수 있는 시대를 살아가고 있다. 언제, 어디서, 어떻게 마주칠지 아무도 모를 일이다. 이 글을 읽는 모두가 마지막 순간에 '헤어지니 속 시원한 사람'보다는 '이별하니 아쉬운 사람'이 되기를 바란다.

잘 다져놓은 체력이
대화의 몰입을
높인다

A : 디자인 시안이 언제쯤 완성될까요?

B : (듣지 못하고 책상 위의 서류만 보고 있는)

A : 이 과장? 디자인 시안이 언제쯤 완성될까요?

B : 아, 네! 다음 주 화요일 이전까지 마무리할 계획입니다.

어느 인테리어 회사에서 2시간이 넘는 릴레이 회의가 이어진다.

B를 비롯해 모든 직원이 유일하게 모이는 월요일 아침. 지난 한

주를 정리하고, 앞으로의 한 주를 계획하며, 서로의 일정과 의견

을 수렴하는 중요한 자리다. 코로나 때문에 한동안 원격으로 진행했지만, 지난달부터 재택근무가 끝나고 모두 회사에 복귀했다.

B는 언젠가부터 이 시간이 힘에 부친다. 회의 생각에 일요일 밤 잠을 설친 데다가 월요일 아침의 교통 체증을 피하기 위해 평소보다 더 일찍 서두르면서 아침밥도 걸렀다. 더 큰 난제는 월요일 아침마다 있는 VIP 고객 대상 프레젠테이션이다. 오늘도 회의가 끝나는 대로 부랴부랴 가야 한다.

B : 1/4분기 콘셉트는 '잠자고 있는 공간 깨우기'입니다. 집에는 생각보다 쓸모 있는 공간이 많아요. 예를 들어 다용도실 있잖아요. 그곳을 새롭게…… (멍해진다)
고객들 : (집중하고 있다가 어리둥절)
B : 하하, 제가 말을 하다가 잠시 길을 잃었습니다. 죄송합니다. 다용도실 리모델링 예시부터 화면으로 보시죠.

하마터면 오늘 프레젠테이션에서 가장 중요한 내용을 놓칠 뻔했다. 다시 회사로 복귀하는 길, 꾸역꾸역 빵과 우유를 급히 먹으니 속이 더부룩해져 가슴을 쿵쿵 친다. '뭘 위해 이렇게 열심히 살지?

왜 이렇게 집중이 되지 않을까? 마음이 답답하기만 한 B다.

내가 B의 동료라면 심신을 이완시켜 주는 차를 한 잔 타 다 주겠다. 여유가 있다면 돼지고기 숭덩숭덩 썰어 넣은 뜨 끈한 김치찌개도 사주고 싶다. 사실 B만이 아니라 누구든 이런 상황이라면 제대로 실력을 발휘하기가 어렵다. 에너지가 소진되어 기진맥진하고 있는 멍한 상태에서 '집중하는 말하기'가 가능할 리 없다.

학창 시절, 시험 전날 밤 벼락치기를 하는 나에게 엄마 는 늘 말씀하셨다.

"일찍 자. 컨디션이 좋아야 시험 잘 보지. 앞으로 낮에 공부해. 낮에 시험을 보잖니."

다음 날 아침은 뜨끈한 소고기뭇국과 따뜻한 밥을 차려 주셔서 뱃심 두둑하게 시험장에 갔던 기억도 난다. 그때는 무슨 말인지 잘 몰랐는데, 이제야 알겠다.

누군가와 앉아서 이야기를 주고받고, 관객 앞에 서서 발표하고, 수화기가 뜨거워지도록 전화통화를 하고, 눈치를 살펴가며 회의나 보고를 진행하는, 이 모든 말하기는 '보이지 않는 체력전'이다. 생각하고 말한다는 것 자체가 에너지 소모량이 엄청나다.

말이 길어질수록, 긴장이 과해질수록, 내용이 어려울수록, 서서 말할수록 더하다. 공급이나 충전 없이 정신적인 에너지를 쓰게 되면, 뇌에 전달 물질이 바닥을 치게 되고, 우리의 집중력은 떨어진다. 그렇게 흐려진 정신은 말과 행동을 아둔하게 만드는 것과 동시에 실수를 연발하게 한다. 때로는 바로 들은 말도 기억해내지 못하는 상황까지 발생한다. 따라서 '말'을 자주, 주로 하는 사람들은 체력을 성실하게 관리할 필요가 있다.

한 앵커는 개표방송을 앞두고서는 항상 웨이트 트레이닝을 한다고 한다. 12시간 생방송을 앞두고 체력을 비축하기 위해서다. 하이힐을 신고, 딱 맞는 정장까지 입고, 뜨거운 조명을 감내해내려면 체력을 바탕으로 한 인내력이 중요하다고 강조한다. 버라이어티 프로그램을 진행하는 한 MC는 독감에 걸린 어느 날, 새벽에 녹화가 끝나고 집으로 돌아가는 길에 제대로 숨이 쉬어지지 않는 증상을 겪은 뒤로는, 체력을 기르기 위해 운동을 시작하여 지금도 꾸준하게 이어가고 있다.

나 또한, 체력에 한계가 느껴지기 전에 미리 비축하려고 애쓰고 있다. 장시간 말하는 날이 많아 에너지 보충을 위해 소고기를 구워 먹기도 하고, 기본적인 암기력을 끊임없이 요구하는 일이기에 기억력에 좋다는 오메가3나 견과류를 챙겨 먹기도 한다. 모든 일은 철저히 낮에 이뤄지니 주행성으로 살아가고 있다. 일찍 자고 일찍 일어나는 것도 이제는 익숙하다.

체력이 떨어지면 모든 것이 귀찮아진다. 내 몸을 움직이는 것도 힘든데, 다른 사람과 소통하는 것이 즐거울 리 없다. 듣고 말하는 게 고통스럽다. 의지만 클 뿐 몸과 머리가 따로 논다. 앞으로 태연한 모습으로 한두 시간 거뜬하게 말을 이어가고 싶다면 잘 먹고, 잘 움직여보자.

다른 사람이 주는 영향은
내가 용인할 수 있을 만큼, 내가 이해할 수 있을 만큼,
나에게 도움되는 만큼만 받아들이는 게 맞다.
내 인생은 내가 결정한다.
그리하여 내 인생의 행복도 오직 나만이 결정할 수 있다.
내 행복의 영역을 침범하는 실언들은 가볍게 흘려보내자.

4장

불편한 상황에
대처하는 소통법

어려운 만남
전에는
30초만 웃어보자

웃어서 손해 보는 일은 거의 없다. 고사성어 '소문만복래(笑門萬福來)'의 뜻이다. 많이 웃는 게 좋다는 것쯤은 누구나 알고 있지만 현실에서는 쉽지 않다. 언제 웃었는지조차 기억이 나지 않는 단조로운 일상을 보내고 있다면 더 그렇다. 코로나 이후 사회적 거리 두기가 시작되고는 더더욱 그랬다. 가뜩이나 적었던 웃음이 마스크에 가려 보이지도 들리지도 않는 상황이 계속되니 다시 일으켜 세울 힘도 잃어버린 느낌이었다.

우리의 미소를 되찾는 방법은 간단하다. 일단 나부터 웃어보는 것이다. 좋은 일이 있을 때만 웃는 게 아니고 억지로라도 30초 정도 웃어보는 것이다. 너무 힘을 빼지 않고 자연스러운 미소를 지어보면 좋다. 소리 내지 않고 방긋 웃어보는 것이다.

서로가 지치고 피곤한 순간, 힘찬 에너지가 필요한 순간, 의사소통이 어려운 순간, 어색하고 긴장되는 순간에 의외의 해결책이 되기도 한다. 이때 오히려 과하게 큰 소리로 웃는 건 역효과가 날 수 있다. 듣는 상대에 따라서는 비웃음이나 조롱처럼 오해를 불러일으킬 수도 있다.

첫인상과 관련된 수많은 법칙이 있다. 하나같이 둥글고 온화한 미소가 제일 중요하다고 주장한다. 사람들이 처음 만났을 때는 논리나 내용보다는, 단순하게, 보이는 걸 가지고 평가한다는 것이다. 미국 프린스턴대 심리학과 알렉산더 교수는 첫인상이 단 0.1초 미만에 결정된다고까지 말한다. 반면, 좋지 않은 첫인상을 바꾸는 데는 무려 40시간의 재면

담이 이루어져야 한다는 '콘크리트 법칙'도 있다.

부정적인 인상이 긍정적인 인상보다 강력하기에 쉽게 나쁜 방향으로 흘러갈 수 있다고 경고하는 부정성의 법칙도 존재한다. 사람은 한번 마음속으로 결정을 하면 판단을 지속하려는 욕구가 있다. 그러니 첫인상을 되도록 좋게 가져가는 전략을 세우는 게 현명하다. 힘겹게 돌아가지 말자는 것이다. 어둡고 어색한 울상보다는 경쾌하고 활기찬 웃상을 만들자.

"웃기지 않아도 웃어야 하나요?"

면접 컨설팅을 하던 시기에 한 학생이 이렇게 물었다. 물론 웃기지도 않는데 웃기란 쉬운 일이 아니다. 어떻게 보면 바보 같기도 하다. 그러나 처음 맞닥뜨리는 낯선 이는 나를 모른다. 서로에게 주어진 시간이 별로 없고, 한쪽이 평가받는 자리라면 재빠르게 호감을 얻어야 한다. 그럴 때 웃음이 가장 빠른 방법이 된다. 누구라도 웃고 있으면 활달하고 밝은 사람, 어두운 표정으로 있으면 우울한 사람, 심드렁한 표정으로 있으면 의욕이 없고 무관심한 사람으로 평가한다.

『얼굴』이란 책으로 베스트셀러 작가가 된 대니얼 맥닐은 얼굴 안에 뇌가 있다고 말한다. 얼굴이 그 사람이며, 그 사람의 정체성인 셈으로, 생각이 쌓여 표정이 되고, 그 표정이 인상을 결정한다는 것이다. 사람들은 언제나 밝게 웃으면서 긍정적인 에너지를 주는 이에게 호감을 갖는다.

문을 열고 들어가는 순간, 말을 시작하고 30초 안에 상대방은 나에 대한 모든 평가를 마칠 수도 있다. 절대적 기준이 웃는 모습이 될 확률이 농후하다. 첫인상이 마지막 인상이 될 수도 있는 상황, 그리하여 인연의 끈이 이어질 수도 끊어질 수도 있는 상황에서는 웃고 시작하면 좋다. 단순해지자.

포커게임에서 상대에게 자신의 마음을 읽히지 않기 위해 무표정을 유지하는 것을 '포커페이스'라고 한다. 이것은 경기나 시합에서나 유효하다. 소통에서는 활짝 웃는 미소가 포커페이스가 되기도 한다. 국가나 기업의 수장들은 경쟁상대를 만날 때 일부러 여유 있게 미소를 날린다. 사이가 몹시 좋지 않은 관계나, 서로가 긴장되는 관계에서는 더 그렇다. 의지 없는 패잔병이 아닌, 승리의 깃발을 흔드는 승자의 모습을 미소로 연출한다.

누군가는 포커페이스보다는 스마일 페이스가 더 강력한 힘을 휘두를 수 있다고 말한다. 동감이다. 결국, 동화 속 나그네의 옷을 벗긴 건 차디찬 바람이 아닌 따사로운 햇볕이었으니까.

감정을
잘 다듬어
표현한다는 것

감정적이다 vs 감성적이다

어느 쪽을 바라는가? 감정적? 감성적? 아마 후자일 것이다. 한 글자 차이로 상반된 뜻을 지닌 두 형용사의 차이에 대해 깊이 생각해본 적이 있는가? 막연하게나마 '감정적'인 건 부정적인 느낌, '감성적'인 건 긍정적인 느낌이라는 것 정도는 구분할 수 있겠다.

'감정'은 기쁨, 슬픔, 화남 등 단순한 마음 상태다. '감성'은 다양한 감정을 느낀 후 조절하며 표현할 수 있는 성숙한 마음 상태다. 한층 고차원적이다. 바로 기뻐서 웃고, 슬퍼서 울고, 화가 나서 분노하는 건 '감정적인 태도'다. 반면 감정을 느낀 후 생각하고 행동하는 건 '감성적인 태도'다.

예를 들면, 차가 막히는 상황에서 짜증이 난다는 말을 연발하는 사람은 감정적인 셈이고, 그 시간에 라디오나 음악을 들으며 흥얼거리며 버텨보는 사람은 감성적인 셈이다. 현재 감정 로봇은 발명이 됐지만 감성 로봇은 아직 없다. 기술이 아무리 발전에 발전을 거듭해도 불가능하지 싶다. 그 이상의 것은 생각하는 인간만이 가능한 고유의 영역이다. 그래서 특별하고 귀하다.

감정적인 사람으로서가 아닌 감성적인 사람으로서의 행보를 걸어보자. 유아적인 태도를 버리고 보다 성숙한 태도를 지향하자. 그래야 나에게 좋다. 상대방의 말에 툭하면 "왜요?", "뭐라고요?"라고 바로 가시를 세우고 감정을 드러내고 대응하는 사람들이 있다. 주변인들에게 미성숙한 사람으로 평가받기 쉽다. 저절로 부정적인 인식을 갖게 만든다. 누군가는 '나는 저러지 말아야지'라고 속으로 비웃으며 서서히 거리를 둘 수도 있다.

감정적인 태도를 자제하는 건 그리 어렵지 않다. 한 번 더 생각하고 표현하면 된다. 내가 생각한 대로 상대가 행동하지 않거나 당장의 상황이 이해되지 않아도 열을 올리기 전에 마음을 한 번 정제시켜야 한다. 2, 3분만 참아도 큰 실수는 면할 수 있다. 타인에게 나의 못난 감정까지 들키는 창피한 상황만큼은 피하자.

물론 솔직함을 무기로 감정적인 태도를 보일 필요도 종종 있다. 그러나 과하면 해가 된다. 인간관계에서 과잉된 감정만큼 위험한 것은 없다. 자칫 오해를 살 수도 있고, 이후에 내가 사과해야 할 일이 생길 수도 있고, 상대방이 버거워해 피할 수도 있다. 특히 부정적인 감정에 매몰되어 상대방에게 계속 히스테릭한 행동을 보인다면 관계를 망칠 수 있다.

누구나 자신의 감정을 있는 그대로 여과 없이 드러내는 가벼운 사람이 아닌 자신의 감정을 잘 묘사해 표현하는 묵직한 사람을 만나려고 한다. 그래야 긴장을 풀고 편히 소통할 수 있기 때문이다. 나의 감정을 잘 조절할 수 있는 사람만이 성숙한 어른이다. 일단 감정 표현 방식을 다듬어 일상과 관계의 균형부터 찾자.

불편한 사람일수록
예의를
갖추자

"절대 저렇게는 살지 말아야지."

이렇게 다짐하게 만드는 사람들이 왕왕 있다. 마주치는 것도 반갑지 않고, 사람을 불편하게 해서 피하고만 싶어지는 사람. 한마디로 그 사람과 함께 하는 모든 날 모든 순간이 싫다. 곱씹을수록 미운 감정이 거세져 나에게 영양가 없는 시간이 늘어난다면 어떻게 해야 할까?

그럴 때는 미운 놈 떡 하나 더 준다는 심정으로 그러려니 하고 해탈하는 자세가 필요하다. 그 감정이 쌓이면 손해를 보는 건 그쪽이 아니라 내 쪽이다. 내가 이렇게 신경을 쓰고 있을 때 그쪽은 전혀 신경 쓰고 있지 않을 확률이 99.9%라고 본다. 어떤 상황이든 가해자보다 피해자가 더 많이 아픈 법이다. 어쩔 수 없이 만나게 되는 불편한 사람들로부터 나를 지켜줄 2가지 방패를 설정해보자.

방패1. 존댓말로 차단하자

가까운 사이가 되면 하대하는 사람들이 있다. 이럴 때는 다시 거리를 두는 편이 낫다. 나의 이름을 부르며 '야', '너', '재'로 무시하는 사람이 있다면 "저 부르신 건가요? '야'라고 하시길래 몰랐어요", "제 직함을 제대로 불러주세요", "어떤 게 필요할까요?" 이런 식으로 대답도, 요구도, 질문도 정중하게 하자.

친근감이 묻어나거나 일상적인 말들은 최대한 배제하고 필요한 말만 간결하게 주고받도록 한다. 말이 늘어질수록 빈정만 상하고 기운이 빠질 수 있다. 또, 한 번 넘어가면 두 번, 세 번 무례하게 나올 수 있으니 빨리 대응하자. 무례한 말과 행동은 점잖은 태도를 이길 수 없다. 품격으로, 우아함으로 무식하고 예의 없는 말을 잠식시킬 수 있다. 끝으로 무례한 이에 대해 자제력을 발휘한 나를 힘껏 칭찬해주는 것도 잊지 말자.

방패 2. 반어법의 칭찬을 쓰자

"대단하다, 진짜 훌륭해, 멋지다 멋져."

화가 나 욕하고 싶을 때 이렇게 뉘앙스는 살리되 반어법으로 대체해보자. 우아하게 화내는 법이라고 하면 되겠다. 물론 듣는 사람은 빈정대는 것으로 들릴 수도 있지만 직설적으로 욕을 하는 것보다는 훨씬 낫다. 좋은 단어로 대체한 후 웃으며 지적을 한다면 말하는 사람은 기분이 한결 낫고, 듣는 도중 상대방이 반성할지도 모를 일이다. 최소한 큰 소리가 날 상황은 피할 수 있다.

앞으로 불편한 사람이 옆에 있을 때, 격렬히 싸우고 싶은 마음을 가라앉히고 나만의 기품 있는 말과 행동을 보여주는 사람이 되어보자. 나를 지킬 수 있는 멋진 원칙들을 꼭 간직하자. 나의 정중함이 싫어하는 사람과의 관계가 개선되는 필살기로 쓰일 수도 있다. 다만 도무지 나아질 기미가 보이지 않는 관계라면, 어느 시점부터는 최선을 다하지 않는 게 최선일 수도 있다. 부디 내 마음을 낭비하지 말고 가치 있는 곳에 쓰자.

불쾌한 질문에
현명하게
대답하는 법

"만나는 사람 있니? 결혼은 언제 해?"

"다이어트 안 하니? 살이 많이 쪘구나."

"2세는 언제쯤? 둘은 낳아야지."

"취업은 했니? 연봉이 얼마나 되니?"

"집 장만은 했니?"

살면서 한 번쯤은 들어봤을 법한 혹은 이제는 익숙한 이
질문들. 특히 명절 때 가족 친지들에게 듣는 경우가 많았을

것이다. 한 인터넷 포털사이트에서 성인 남녀를 대상으로
'명절 연휴, 가장 듣고 싶지 않은 잔소리'를 묻는 설문조사에
'교제나 결혼', '다이어트', '자녀 계획', '취업이나 연봉'에 관한
질문들이 순위에 올랐다. 아무리 피를 나눈 가족이라도 오
랜만에 모두가 모인 자리에서 받기에는 부담스러운 질문들
이다.

　"현재 애인은 있나요?"
　"부모님 직업은요? 은퇴하셨나요?"
　"어디 살아요? 그 동네 토박인가요?"
　"결혼하고도 계속 커리어를 유지할 건가요?"

　한 취업포털 사이트에서 구직자를 대상으로 '면접 시 받
기 싫은 질문'에 대해 조사했을 때 위와 같은 사생활이나 민
감한 부분에 관한 질문들은 배제했으면 좋겠다는 답이 나왔
다. 이런 질문들이 과연 개인의 역량을 파악하는 데 도움이
될까? 단순히 궁금해서 물어보는 쓸데없는 질문에 가깝다.
상대방에 대한 예의와 배려가 전혀 없어 보인다.

"별걸 다 묻는 한국 사람들. 제가 예민한가요?"

　몇 년 전 한 예능 프로그램에 출연한 외국인 방송인이 털어놓은 고민이다. 광고를 찍으면 출연료는 얼마나 받았는지 묻고, 결혼해서 이사하면 집 평수를 묻고, 심지어 아이를 언제, 몇 명 낳을 거냐고 묻는데 무척 당혹스럽다는 것이다. 여기에 한 패널은 한국 정서에 대한 이해가 부족한 것 같다고 지적했다. 우리나라는 예로부터 상부상조하면서 옆집에 밥그릇, 숟가락이 몇 개인지도 알고 지내던 사회였고, 해가 되는 얘기가 아니니 참으라고 조언한 것이다. 그러자 다른 패널이 반대 의견을 제시했다.

　"불편한 질문에 한 번 대답하기 시작하면 그걸로 안 끝나서 문제예요. 온갖 참견이 쏟아지거든요. 2세 계획에 대한 것도 아이를 일부러 안 낳는 게 아닐 수 있잖아요. 노력하고 있다고 하면 다른 방법을 시도해봐라, 어디 병원이 좋다더라 등의 참견을 하죠. 제발 좀 알아서 하게 내버려뒀으면 좋겠어요. 그 사람은 처음 물어보는 질문이지만, 듣는 사람에게는 101번째 질문이 될 수도 있거든요."

　사실 "네가 걱정이 돼서 그래"로 시작하는 질문은, 듣는 당사자가 피하고 싶을 확률이 높다. '걱정하는 마음'으로 포장된 물음들은 불편함을 넘어서 불쾌할 수도 있다. 질문을 건네받은 누구나 "진짜 걱정되어 물어보는 거라고?"라고 반문하고 싶은 마음이 들 것이다.

　우리는 이미 알고 있다. 진심으로 나를 위하고 응원하는 상대방은 이런 질문을 애초에 하지 않을 것이다. 이런 질문을 하는 사람들은 오히려 사회적인 시선으로 약점을 잡으려고 하거나, 마음속 깊은 곳에 본인의 우월함을 통해 위안을 얻으려는 못나고도 못된 심리가 자리 잡고 있을지 모른다.

　불쾌한 질문은 굳이 대답하지 않아도 된다. 상황에 따라서 단답형의 대답으로 대화를 끝내버리거나, "조심스럽다", "고민하고 있다"며 피해도 된다. 혹은 다른 화두를 던져도 좋다. 오히려 깊이 들어가면 쓸데없는 추가 질문 폭격에 마음만 상하고 머리만 아프다. 공적인 자리에서라면 기본적인 예의만 지키는 게 좋다.

'나는 솔직한 사람'이라며 불쾌한 질문을 밥 먹듯이 하는 사람에게 묻고 싶다. 상대방을 진심으로 걱정하고 있다면 경제적으로, 사회적으로 직접 도와줄 의향이 있는지 말이다. 그럴 수 있다면 묻고, 그게 아니라면 쓸데없는 궁금증은 제발 거두자.

지적은
긍정의 말로
시작한다

2.9013:1, 가까스로 3:1. 무엇을 뜻하는 걸까? 일상에서 행복을 느끼고 일에서 성공을 거머쥐는 사람들이 느끼는 긍정적인 감정과 부정적인 감정의 비율이라고 한다.

미국 노스캐롤라이나 대학 심리학과 교수 바바라 프레드릭슨과 브라질 사회학자 마르시알 로사다는, 2005년 그들의 논문을 통해 이른바 행복 방정식을 공식화했다. 만족스러운 삶을 이룰 수 있는 긍정 요소와 부정 요소의 최고 비율이자, 직장 내에서는 최고의 업무 성과를 불러올 수 있는 긍정 커뮤니케이션과 부정 커뮤니케이션의 황금 법칙이라고도 불리고 있다. 한마디로 세 번 좋은 말이 오갔을 때 한 번 지적하는 말이 오가야 개인도, 조직도 무탈한 발전이 있다는 것이다.

물론 순탄하고, 행복하고, 편안하고, 만족하는 말하기만 한다면 평화로울 것이다. 그러나 이 감정이 어느 순간부터 더 나아가거나 새로운 변화를 추구하는 데 방해요소가 될 수도 있다. 현재의 긍정적인 마음을 유지하기 위해 깊이 있는 생각을 게을리하거나 멈출 수도 있는 것이다. 경영 리더십 전문가인 이승윤 교수는 "사람들은 기쁘고 즐거운 감정을 느끼게 되면, 일반적으로 현재의 긍정적인 감정 상태를 유지하고자 하기에 논리적이고 비판적인 사고를 하지 않는 경향을 보인다. 또한, 모든 것을 통제하고 있다는 환상(Illusion Of Control) 또는 지나친 자신감은 위험한 의사 결정을 내릴 가능성을 높일 수 있다"고 이야기한다.

새로운 생각과 다른 의견을 건네는 용기는 누구에게나 필요하다. 딴지를 걸며 심술을 부리자는 게 아니다. 잘못될 상황을 회피하지 말자는 의미다. 개인과 조직이 지금보다 나아지고 다듬어지기 위함이다. 삐걱거리는 다음 스텝이 장기적으로 이어질 수 있도록 도와주는 기름칠과도 같은 것이다.

문제는 접근하는 방식이 어렵다. 감성 관리 커뮤니케이션, 즉 직원의 기분과 마음을 관리하는 연구가 주목받고 있는 요즘 시류에는 더더욱 그렇다. 팀원 간 원활한 상호작용이 조직의 장기 성과에 지대한 영향을 미친다는 사실은 모두가 알고 있다. 하여 '서로 어떻게 소통하고, 어떻게 피드백할 것인가'에 대한 고민은 늘 우선순위에 놓여 있다. '너의 의견과 나의 의견은 조금 달라', '너의 생각에는 문제가 있어', '그 부분은 고쳐야 해'라는 일종의 지적을 어떻게 하면 기분 나쁘지 않게 할 수 있을까? 물론 자극 0%, 순도 100%의 완전한 방법은 없어 보인다. 다만 매운맛을 순한 맛으로 중화시킬 수 있는 요령은 있다.

첫 번째, 사람에 대한 지적이 아닌, 행동에 대한 지적을 하자

특정 상황 때문에 전부를 평가 선상에 올리지 말자는 말이다. "박 대리는 늘 이런 식이야?"로 모든 걸 힐난하는 상사보다는, "협력사 담당자가 바뀔 때는 어떤 방식으로 처리했나요?", "협력사 담당자가 바뀔 때는 시기에 대한 조율도 있어야 합니다"와 같은 질문이나 조언으로 일에 대한 것만 묻고 따져야 한다.

그래야 상대방도 왜 지적을 받았는지 침착하게 분석하고 해결할 묘안을 찾을 수 있다. 불쾌한 말투로 사람을 믹서기에 갈아 넣을 듯 심하게 지적하는 상대방이 있다면 누구도 그 지적에 대해 진지하게 고민할 리 없다. 나 자체를 인정하지 않는 사람의 지적은 들리지 않는다. 아니 듣고 싶지 않다. 그래서 일부러 귀를 닫고 빨리 잊는다. 전혀 쓸모가 없다.

두 번째, 아끼는 마음을 담아 '선 칭찬, 후 지적' 한다

일단 지적이라는 것은 상대방에 대한 따뜻한 시선이 없다면 무책임한 비난이 될 수 있다. 먼저 따뜻함을 건네는 것이 방법이다. 상대방이 최근 잘하고 있는 것, 늘 노력하고 있는 것을 미리 높이 평가한다. "늘 가장 애써주는 박 대리에게 고마워하고 있는 거 알죠?", "박 대리 덕택에 지난 프로젝트도 무사히 진행할 수 있었어요", "그 협력사 깐깐한 편인데 박 대리가 잘 대처했잖아요" 같은 좋은 평가를 먼저 건넨 뒤에 수정해야 할 부분, 고쳐야 할 사항을 지적하는 것이다. 진심 어린 마음으로 전하는 상대방의 진짜 지적은 듣게 된다.

시너지를 내지 못한다면 지적은 아무런 의미가 없다. 가끔은 감정으로 얼룩진 어른들의 유치한 기 싸움으로 변질이 되거나 오해를 사기도 한다. 지적하는 자도 지적받는 자도 진이 빠진다. 지적해야 할 상대가 있다면 오롯이 그 사람에 대해 집중해주자. 지금까지 잘한 점을 아낌없이 칭찬하며 아쉬운 점을 지적함과 동시에 용기까지 북돋자. '나'란 존재가 상대방을 힘차게 비상하게 만들 수 있다.

높은 산을 오를 때, 각진 계단을 쿵쿵 오르기보다는 마른 풀과 나뭇잎 더미가 쌓인 비탈길로 서서히 올라가야 관절에 무리가 덜하다. 그래야 무사히 정상에 다다를 수 있다. 지적도 마찬가지다. 매운맛의 모난 지적보다는 순한 맛의 부드러운 지적이 좋은 여운을 남긴다. 마치 몸에 이로운 달콤 쌉싸름한 카카오 초콜릿처럼.

사과할 때
진심을
잘 담아내는 법

"사실 여부를 떠나 저의 행동으로 인해 상처를 받은 피해자 분들께 진심으로 사과드립니다. 한 분 한 분 뵙고 용서를 구하겠습니다. 죄송합니다."

몇 년 전 학교 폭력의 가해자로 지목된 한 방송인이 사과문을 발표했다. '사과드립니다', '용서를 구하겠습니다', '죄송합니다'라고 말했지만, 여론의 반응은 싸늘했다. 사실 여부를 부정하고 있는, 제대로 된 사과가 아니었기 때문이다.

"이유 여하를 불문하고 이번 실수는 사과드립니다. 동료들끼리 오해가 있었습니다만 그래도 어쨌거나 제가 책임자로서 잘못했습니다."

잘못된 시말서의 예시이다. '이유 여하를 불문하고', '그래도 어쨌거나'라는 표현이 책임을 회피하는 느낌을 준다.

사과의 말도, 사과의 글도 진짜 잘못을 뉘우치는 것인지 마지못해 사과하는 척을 하는 것인지 누구나 알 수 있다. 위의 사과문들에는 진짜 중요한 2가지가 빠져 있다. '시원한 사과'와 '뭘 잘못했는지'가 없다. 기저에는 잘못을 회피하고, 은근슬쩍 넘어가려는 마음이 깔려 있을지도 모른다. 그래서 변명처럼 보이고 들리는 것이다. 또, 요즘은 사과하는 방법을 모르는 사람도 많다. 어떻게 하면 미안하고 죄송스러운 마음을 잘 담아낸 사과를 할 수 있을까? 그 방법은 다음과 같다.

1. '죄송합니다'부터 말한다.

2. 뭘 잘못했는지 구체적으로 언급한다.

3. 그럴 수밖에 없었던 이유를 자세히 설명한다.

4. 방지 대책도 제시한다.

먼저 제대로 사과부터 한다. 변명하지 말고 사과하는 것이다. 뭘 잘못했는지 구체적으로 언급한 후에 그럴 수밖에 없었던 까닭을 설명하면 된다. 이후 재발을 막기 위해 노력하겠다는 다짐까지 보여주면 더욱 좋다. 단순히 이런 일이 다신 없을 것이라고 큰 소리만 치는 것이 아니라 자세한 방지 대책도 있으면 좋다. 글로 된 사과문이라면 손으로 직접 썼을 때 더욱 진정성이 있다.

사과할 때 가장 중요한 건 잘못에 대한 정직한 인정이다. 내 자존심을 지켜가면서 할 수 있는 사과란 건 없다. 마지막으로, 더 나은 관계를 바라며 사과를 할 때에는, 상대방이 사과를 소화할 수 있는 시간도 충분히 주자.

침묵이
강력한 메시지가
될 수 있다

매일 아침 20분씩 늦는 하 계장. 9시 출근인 날은 9시 20분, 10시 출근인 날은 10시 20분, 오후 출근인 날도 꼭 20분씩 늦게 도착한다. 누구나 한 번쯤은 늦을 수는 있다. 하지만 습관적 지각이 된다면 문제다.

모든 일에 성실한 하 계장이지만 이상하게 이 문제만큼은 쉽사리 고쳐지지 않는다. 오늘도 어김없이 턱 밑까지 숨이 차오른 상태로 사무실 문을 연다. 팀원들은 '또 지각이네'라는 눈으로 바라본다. 하 계장은 서둘러 팀장에게 다가가 늦어서 죄송하다고 고개를 숙인다. 그런데 팀장의 표정이 여느 때와 다르다. 하 계장을 한 번 쳐다보더니 고개를 돌려버린다.

자리로 돌아간 하 계장은 무거운 마음으로 업무를 시작한다. 늘 마음속의 NO.1인 팀장을 힐끗힐끗 보게 된다. 다른 때 같으면 등짝 스매싱과 함께 가벼운 주의를 주거나, 웃으면서 아침 인사를 받아주는데 오늘은 다르다. 내내 눈치를 보며 업무를 마친 뒤, 팀장에게 퇴근 인사를 한다.

하 계장 : 팀장님, 저 먼저 들어가 보겠습니다. 오늘도 고생하셨습니다.

팀장 : (묵묵부답, 눈으로만 가볍게 응대한다.)

늘 수고했다고, 운전 조심하라는 팀장의 말에 기분 좋게 퇴근을 해왔는데, 오늘은 그것마저도 없다. 곰곰이 자아 성찰을 하자면 '상습 지각러'라는 것 하나다. 다음 날 하 계장은 30분 일찍 도착해 긴장된 마음으로 팀장을 맞이한다. 그러자 그가 회의실로 오라고 손짓한다. 팀장이 입을 연다.

팀장 : 한 번쯤 하 계장 스스로가 반성할 시간이 필요하다 싶었어요. 그래서 어제는 내 입을 꾹 닫아봤습니다. 꽁하게 있어서 미안했어요. 다만 '이 상황을 제대로 알려주기 위해서'는 침묵이 낫겠다 싶더라고요. 아무리 말해도 달라지지 않는 이 상황에서 내가 유일하게 할 수 있는 건 말하지 않는 것이었어요.

하 계장 : 부끄럽습니다. 괜찮아서 봐주신 게 아닌데, 생각이 짧았습니다. 팀장님이 저를 포기하신 것 같아 조바심이 나더라고요. 앞으로는 절대 지각하지 않겠습니다.

팀장 : 부득이한 상황이 있다면 미리 말해줘요. 오늘 일은 우리 둘만 알기로 해요.

팀장이 침묵을 통해 전하고자 한 메시지가 하 계장에게 제대로 전달됐다. 침묵은 애초부터 하 계장을 위한 것이었다. 절대 그를 괴롭히기 위한 것이 아니었다. 직접 입에서 나오는 음성으로 정확하게 지적하는 것이 맞지만 때로는 침묵하는 것이 그보다 더 큰 효과를 낼 수도 있다.

온갖 말들이 정신없이 난무해 어느샌가 힘을 잃었을 때는 말을 더해봐야 소용이 없다. 되레 입을 닫을 때 강력한 힘이 생긴다. 침묵함과 동시에 상대방은 늘 본인을 향했던 복잡하고도 무성했던 말들을 걷어내고, 혼탁한 마음을 씻어내고, 본질을 똑바로 돌아볼 수 있는 시간을 갖게 된다. 정신없이 쏘는 잔챙이 총알이 아닌, 한 번에 명중시키는 총알과도 같다. 응축시켜 한 방에 터뜨리기 때문에 수많은 메시지보다 한 방에 콕 박히게 된다.

프랑스의 설교가이자 문필가인 조제프 앙투안 투생 디누아르가 1771년에 쓴 책 『침묵의 기술』에는 침묵의 14가지 원칙이 등장한다. 과거의 이 가르침들이 지금까지도 수십 번 고개를 끄덕거릴 만큼 공감을 자아내고 재해석되고 있는 이유는, 과거에도 현재에도 차고 넘치는 말들이 문제를 일으킬 때마다 '침묵'이 즉효 처방전이 되어줬기 때문이리라. 앞으로도 마찬가지이지 않을까?

중학생 시절, 하굣길에 친구가 했던 이야기가 갑자기 떠오른다. 당시 시험을 잘 보지 못한 우리는 부모님께 혼나는 게 걱정이 됐다. 그때 친구가 말했다.

"우리 엄만 오히려 아무 말도 하지 않으셔. 그래서 더 무서워."

지금 생각해보니 친구의 어머니는 딸을 혼내고 다그치기 전에 스스로 반성할 시간을 내어주신 듯하다. 상대방을 존중하는 마음, 잘됐으면 하는 바람에서 전하는 신중한 침묵은 늘 옳다고 믿는다. 무언의 메시지가 좋은 길라잡이가 될 게 분명하기에.

거절을
두려워하지
말자

성공의 공식을 알려줄 수는 없지만, 실패의 공식은 알려줄
수 있다.

"그것은 모든 사람의 비위를 맞추려 하는 것이다."

퓰리처상을 수상한 미국의 저널리스트 허버트 스워프
가 남긴 말이다. 혹시 이 말에 멈칫했다면 자신이 거절을 두
려워하는 사람인지 돌이켜보자. 거절을 하는 쪽이든 거절

을 당하는 쪽이든 상관없이 거절이 있는 상황 자체를 두려워하는 사람이 많다. 하지만 우리는 평생 거절이란 굴레를 벗어날 수 없다. 내가 하기도, 받기도 하며 살아왔고, 또 살아갈 것이다. '거절'이란 두 단어가 불편하게 느껴진다면 이제부터는 살짝 마음을 놓자. 먼저, '거절 민감성(Rejection Sensitive Dysphoria)'이란 개념을 알아둘 필요가 있다. 거절 민감성이 높은 사람은 그렇지 않은 사람보다 상대방이 자신을 어떻게 바라볼지에 대한 우려를 한다.

　"이 부탁을 거절하면 날 싫어할까?"
　"나의 요청을 거절당하면 어쩌지?"
　"거절하면 우리 관계가 금이 가려나?"

　거절을 하기도, 받기도 전에 걱정부터 사서 한다. 거절하게 된 입장이 되면, 이후 상대방의 소소한 반응에 온갖 의미를 부여하며 상상의 나래를 펼친다. 예를 들면, 아무 표정 없이 앉아 있는 상대방을 보고 화가 났다고 치부해 버리거나, 업무 때문에 답장이 늦은 것뿐인데 상대방이 본인을 무시하며 피한다고 오해한다. 반대로 거절을 당하게 된 입장이 되면, 지나칠 정도로 큰 분노나 배신감을 느낀다.

더욱이 거절할 때도, 거절당할 때도 금방 털어내지 못한 채 질척인다. 거절에 대한 두려움이 크다 보니 늘 상대방의 눈치를 살피게 되고, 되도록 빨리 감지하기 위해 종종거린다. 거기에 본인의 기분이 자주 휩쓸리고, 자존감은 떨어질 수밖에 없다.

정신건강의학 측면에서 볼 때 거절에 예민한 사람은 상대방과의 안정된 관계에 대한 욕구가 지나치게 크고, 작은 자극에도 민감한 반응을 보인다고 한다. 역으로 상대방도 늘 본인처럼 신경을 써주길 바란다. 이게 계속되면 악순환의 고리가 이어진다. 여기 거절 민감성이 높은 A와 친구, 직장 동료 간의 대화를 보자.

A : 주말에 시간 어때? 커피 마시러 가자.

B : 나 이번에 회사에서 큰 프로젝트를 맡아서 주말에도 출근해.

다음에 보자.

A : 그럼 다음 주말은 어때?

B : 그때 가봐야 알 것 같아. 다음 주에 다시 정해보자.

A : 그래, 알았어. 난 늘 가능한데 넌 늘 바쁘구나.

B : (당황하며) 어? 그런 의미로 거절한 게 아닌데!

A : 이 대리, 오늘 언짢은 일 있어요? 표정이 어두워 보여요.

B : 아 그래요? 난 괜찮은데.

(시간이 조금 지나고)

A : 제가 따뜻한 커피 사올까요? 지금은 컨디션 어때요?

B : 어제 야근해서 피곤하긴 한데, 커피는 괜찮아요. 마음만 받을
게요.

A : '저번에 퇴근하고 술 한잔 하자는 걸 거절해서 그런가? 커피
는 왜 안 마시는 거지? 삐쳤나?'

두 사례 모두 A가 안쓰럽다. 상대방의 모든 말과 행동
에 의미 부여를 하고 있으니 얼마나 피곤할까 싶다. 더 큰 문
제는 이 과정에서 오해도 쌓고 있다는 것이다. 첫 번째 상황
에서 친구 B는 단순히 다음 주 일정이 확실하지 않으니까 그

때 정하자는 것이었고, 두 번째 상황에서 이 대리는 개인적으로 문제가 있거나 단순히 피곤해서 그럴 수 있는 것인데, 일련의 모든 것을 자신에 대한 거절로 치부해버린다. 여기서 포인트는 친구의 일정도, 이 대리의 컨디션도 A가 통제할 수 있는 영역이 아니라는 것이다. 다시 말해, A의 문제가 아니란 것이다. 그러니 A처럼 부정적인 감정에 휩싸여 본인만 답답하고 상대방도 피곤해지는 상황은 그만두자.

김인수 정신건강의학과 전문의는 거절에 민감한 상황이라면 '나의 인간관계는 언제나 완벽할 것이라는 환상', '상대방이 어떤 순간에도 나를 좋아할 것이라는 환상'을 가지고 있을 확률이 높다고 말한다. 어른인 우리가 타인과의 관계 속에서 좀 더 성숙한 태도를 갖추려면 위와 같은 환상에서 깨어나야 한다. 거절을 수시로 예민하게 받아들이고 있다면 여기에서 벗어나자. 모두가 나를 좋아하고, 100% 나의 의견을 수긍하는 상황은 애초에 없다. 분명 앞으로도 없을 것이다.

나를 위해서라도 앞으로는 희로애락(喜怒哀樂)의 감정을 자연스럽게 받아들였으면 한다. 희(喜)와 락(樂)만이 아닌, 노(怒)와 애(哀)에도 우리 일상에 존재하기에 이제는 잘 맞이하고 잘 소화할 때다. 그렇게 '마음의 맷집'을 키워 단단해지자.

관계가
틀어지지 않는
거절의 기술

나를 지키기 위한 거절은 필수다. 다른 사람들이 바라는 대로 다 들어주는 삶이 아닌 내가 원하는 삶을 살기 위해서다. 내가 원하지 않는 것은 '아니'라고 말할 용기가 필요하다. 앞장에서 말한 거절 민감성을 낮추고 거절 자체가 죄스러운 일이 아닌 당연한 권리라는 것을 기억하자. 다만 거절하는 입장이 되면 누구나 난감하다. 이때 좋은 관계를 유지하면서도 손상이 덜 가는 거절의 방법을 알아두면 어떨까? 4가지 방법이 있다.

1. 직접 얼굴을 보고 말한다

한 예능 프로그램 출연한 영화배우가 말한다.

"캐스팅이 들어오면 수락보다 거절할 때 더 신경을 씁니다. 그래야 다음 캐스팅에도 지장이 없어요."

그의 방법은 간단하다. 직접 시나리오를 준 영화사 담당자와 미팅 일정을 잡고 식사를 대접하며 정중하게 거절하는 것이다. "거절은 바로 하지 않습니다. 부담이 없을 만큼 몇 시간, 며칠의 시간을 둡니다"라고도 덧붙인다. 문자 메시지나 전화로 빠르게 거절하면 매몰차다는 인상을 줄 수도 있고, 또 본인의 입장이 충분히 전달되지 않기에 직접 얼굴을 보고 자세히 설명한다는 것이다. 이렇게 심사숙고했다는 것을 최대한 어필한다. 부탁한 입장에서는 존중받고 있다는 느낌을 받을 수 있는 방법이다.

실제로 '오찬 효과(Luncheon Effect)'라는 것이 있는데,

맛있는 음식을 먹을 때 섭취하는 영양소의 자극으로, 상대방에 대한 호감을 생기고 좋은 반응을 이끌어낼 수 있다는 것이다. '밥 먹으며 하는 거절', '차 한 잔 마시며 하는 거절'은 어떤가? 맛있는 음식과 즐거운 시간이 만들어준 좋은 감정 덕분에, 거절당했을 때 생겨날 수 있는 나쁜 감정이 희석되는 것이다.

2. 다른 사람을 추천한다

내가 거절하는 상황이라면 상대방에게는 다른 사람을 찾아야 하는 과제가 주어지는 셈이다. 그런 점을 생각했을 때 거절 의사를 밝히면서 나 이외의 다른 사람을 추천해주는 것도 방법이다. 나는 일 관련 제안이 들어왔을 때 스케줄이 맞지 않으면 믿을 만한 동료를 연결하는 편이다. 다만 적합한 인물이어야 한다. 괜히 나중에 문제가 발생할 소지가 있다면 아예 시작하지 않는 게 낫다. 내가 꼭 추천할 의무는 없으니 과도한 책임감은 금물이다.

3. 예의를 지킨다

모질게 말하면 상대방이 불쾌할 수 있다. 완전한 거부보다는 완곡한 거부가 나은 법이다. 일명 '쿠션어'로 불리는 완충 표현을 알아두자. 앞서 언급했던 쿠션어는 상대방을 배려하는 차원에서 핵심적인 말을 하기 전에 구사하면 좋다.

'아쉽지만, 유감스럽지만, 죄송합니다만, 말씀은 감사하지만, 저를 선택해주셔서 고맙습니다만, 저에게 좋은 기회를 주셔서 영광입니다만, 정말 도와드리고 싶은데 상황이 여의치 않아서' 정도가 되겠다. 이후 거절하는 이유를 상대방이 이해할 수 있도록 설명하는 게 중요하다. 너무 길어지면 구차한 변명처럼 들릴 수 있으니 유의하자. 다음 기회를 엿보고 싶다면 '다음에 기회가 된다면'을 덧붙여도 좋다. 다음에도 거절할 게 뻔하다면 여지를 주지 말자.

친한 사이에도 예의를 갖춰야 한다. "우리 이번 주에 영화 볼까?"라는 친구의 제안에 "영화 볼 시간이 어디 있어?"라고 면박을 주는 식이면 곤란하다. 맨바닥에 앉을 때 쿠션 하나만 깔아도 엉덩이가 덜 아프다. 말에도 쿠션을 깔자. 훨씬 부드럽고 따뜻한 대화가 오갈 수 있다. 마음처럼 말이 쉽게 나오지 않는 거절의 상황에는 더 절실하다.

4. 대안을 제시한다

다 들어주기에는 버겁고, 바로 거절하기에는 아쉬울 때가 있다. 이때는 조건부로 수용해도 좋다. '지금은 업무 처리 때문에 불가능하지만 2주 후부터는 가능하다, 이틀 정도만 고민해보고 절충안을 제시하겠다, 제안서 작성은 어렵지만 큰 틀은 잡아줄 수 있다' 등이 되겠다. 가능한 시간과 범위를 말해주면 완전한 거절이 아니라 조율이 된다. 그러면 나의 마음도 가벼워질 수 있다. 소중한 이의 거절이라면 역으로 대안을 제시해 도와주자.

잘 거절하는 것도 미덕이다. 거절의 의사를 확실히 말하되, 개인 사정을 담백하게 밝히고, 미안한 마음을 담아 차

선책을 고민해준다면 더 좋다. 부탁하는 상대방과의 관계를 돈독하게 이어가고 싶은 마음이 크다면 더 그렇다. 누구나 부탁했던 기억이 있을 것이다. 수일을 고민하고, 수차례 망설인 끝에 입을 뗐던 긴장감 가득한 장면도 떠오를 것이다. 생각해보라. 우리는 일언지하에 'No'라고 말하는 상대방보다는 고민하고 미안해하는 상대방을 '더 나은 사람'으로 여겨왔다.

투자의 귀재라고 불리는 워런 버핏은 'No'라고 말하는 것을 두려워하지 말라고 했다. 다만 'No'에 담기는 뉘앙스는 각양각색이다. 단단한 마음으로 거절은 하되, 일종의 요령을 갖추면 좋다. 술을 마신 후 제각각 기운이 다른 것처럼 우리가 앞으로 수도 없이 마주하게 될 거절은 숙취가 남는 싸구려 와인이 아닌 뒤끝이 없는 고급 위스키 같기를 희망한다.

벨소리는
즐겁게
맞이하자

카카오톡의 읽음표시는 순식간에 없어지는데, 전화는 좀처럼 받지 않는 사람들이 늘고 있다. 심지어 부재중 전화에도 메시지로 대신한다. 앞뒤가 맞지 않는 행동들이 '콜 포비아(Call Phobia)' 개념을 알고 나니 어느 정도 이해된다. '콜 포비아'는 전화(Call)와 공포증(Phobia)의 합성어다. 쉽게 말해 '전화 공포증'이다. 전화를 두렵게 느끼면서 되도록 피하는 것을 뜻하는 이 개념이 알려진 지는 10년도 넘었지만, 최근 비대면 활동이 많아지면서 다시 수면 위로 떠올랐다.

'콜 포비아'가 심한 사람은 통화가 단순히 꺼려지는 것이 아니라 심하면 심장이 뛰고, 얼굴에 식은땀이 흐르며, 손과 입이 떨리기도 하는 신체적인 증상이 나타난다. 더 심하면 두통이나 복통과 같은 통증을 호소하기도 한다.

'텍스트 커뮤니케이션'이라고 불리는 문자나 SNS 메시지 교류가 일상이 되면서 언제부터인가 전화보다 메시지가 익숙해진 우리다. 요즘은 업무 전화 전에 문자가 먼저 오는 경우도 많다. '혹시 지금 통화 가능하신가요?', '통화 가능할 때 문자 주세요' 같은 식이다. 나 또한 상대방이 무얼 하고 있을지 예측하기 어려운 시간에는 선 문자 후 전화를 건다. 이렇게 새로운 세상에 적응해내고 있다.

생각해보면 '띠링' 울리는 벨소리나, '드르륵' 떨리는 진동 소리보다는 무음을 유지한 채 생활하는 이들이 훨씬 많다. 물론 나도다. 때마다 모드를 바꾸는 것도 귀찮고, 일할 때 벨이 울리는 실수를 피하기 위해서이다. 모든 소통을 손가락으로 하는 것이 익숙한 사람이라면, 할 말을 쓰고 지우고, 쓰고 지우며 완벽한 메시지를 전했던 사람이라면, 내가 원할 때만 확인하고 답장하는 것을 선호했던 사람이라면, 갑자기 전화를 받아 이야기를 나누기 곤란할 수도 있다.

가천대 정신건강의학과 배승민 교수는 "소극적인 사람뿐만 아니라 적극적인 사람들도 '콜 포비아'를 겪는데, 본인에 대한 기대가 높다 보니 완벽을 추구하기 때문"이라고 말한다. 전화는 서로 대화 패턴을 익혀야 하는 피곤함이 있고, 동시다발적으로 대화가 진행돼 실수가 생길 수도 있지만 이게 무섭다고 한 통화면 해결할 수 있는 일도 망설이고 있다면 문제다.

먼저 가끔씩 편안한 상대와 전화해보는 건 어떨까? 어려운 전화 말고 쉬운 전화부터 접근하자는 것이다. 수다타임도 좋고, 안부타임도 좋다. 이어서 중요한 전화를 앞두고서는 통화 중에는 상대방의 말에 즉각적으로 반응하다가 내가 말해야 할 용건을 빼먹을 때가 있으니, 꼭 해야 할 말을 적어놓자.

영국 국민보건서비스(NHS)에서는 '콜 포비아'를 극복하는 4가지 방법을 소개하기도 했다.

1. 지금 느낀 불안을 받아들이기
2. 심호흡하기
3. 통화하기 쉬운 상대와 먼저 연습하기
4. 현재 말하는 것에 집중하기

특히 4번이 눈에 띈다. 전화를 할 때 먼저 '상대방의 이야기'에 몰입하는 것이 '콜 포비아'를 극복하는 데 가장 중요한 부분이다. 집중하는 동안 긴장이 풀리며, 마음이 가라앉고, 내가 할 말을 자연스레 꺼낼 수 있을 것이다.

상대가 뭐라고 하든
내 행복은
내가 결정한다

"내 기분은 내가 정해. 오늘은 행복으로 할래."

《이상한 나라의 앨리스》에서 앨리스가 한 말이다. 어른
이 되면 동화 속 앨리스처럼 모든 것에 초연해질 줄 알았다.
타인의 말과 행동에 휘둘리지 않는 사람. 내면이 단단해서
감정을 성숙하게 조절해내는 사람. 삶의 방향과 속도에 확
신이 있는 사람. 무엇보다 스스로 자랑스럽게 여길 수 있는
멋진 사람이 절로 될 거라 믿었다. 나이가 들면 누구나 그렇

게 된다고 생각했다. 어른이 되고 보니 대단한 착각이었다. 내가 바랐던 어른의 모습은 수많은 시행착오와 기나긴 노력 끝에 가능하고, 자신을 깊이 탐색하고 치열하게 고심한 사람만이 비로소 갖게 되는 트로피 같은 것이었다.

멋진 사람이 되는 과정은 지금도 진행 중이다. 이 과정 속에서 내가 어떤 태도로, 어떤 방향으로 나아가는가도 중요하지만 누가 내 곁에 있는가도 적잖은 영향을 준다. 우리는 어떤 결정을 내릴 때 혼자 시간을 들여 고민하는 동시에 주변 사람에게 상담을 하고 조언을 듣고 하면서 방향을 잡아가기 때문이다. 이때 그 영향을 '적당히' 받아야 하는데, 그러기 쉽지 않다. 어느 정도 수준에서는 '득'이 되지만, 지나치면 '독'이 되기에 경계해야 한다.

임상심리학 박사이자 『내 마음에 상처 주지 않는 습관』의 저자인 김도연 교수는 "다른 사람들의 인정은 긍정적인 자기상(Self-Image, 자신을 긍정적으로 평가하고 사랑하는 것)의 발달뿐만 아니라 자존감에 영향을 준다. 그러나 다른 사람들을 지나치게 신경 쓰면 타인의 눈치를 살피게 되고 자기 주도성이 낮아질 수 있다"고 조언한다. 즉 '타인 의존성'이란 적정 수준만 필요한 법인데, 우리는 과연 어떠한지 점검해보자.

타인 의존성 점검하기

▷내 일상에 대한 다른 사람들의 충고가 많아진다

▷다른 사람에게 의견을 구하지 않으면 어떤 결정을 내리기 어렵다

▷상대가 화를 내거나 지지해주지 않을까봐 반대 의견을 표현하기가 어렵다

▷자신의 판단이나 능력에 대한 자신감이 없어서 독자적으로 활동하기 어렵다

▷다른 사람들로부터 지지나 돌봄을 받기 위해 애쓴다

▷혼자 있을 때 기분이 저하되고 무력감을 느낀다

▷친밀한 관계가 약화될 경우 초조하고 불안하다

▷스스로를 돌봐야 하는 상황에 대해 생각하면 괴롭다

▷상대의 의견을 따르는 것이 더 편하다

위 항목에서 '5개 이상'이 해당되면 스스로 결정하고 활동하는 연습이 필요하다. 나를 둘러싼 주변 사람들의 시선도 정도껏 신경 써야 나에게 이롭다. 과해지면 나의 존재 가치를 남의 평가나 의견으로 결정해버리기 때문에 내가 생각하고 판단하는 힘이 흐려진다. 내면의 공간은 오롯이 나만의 것이다. 친구가 마실도 오고, 가족이 자고 갈 수 있지만 언젠가는 자기 집으로 돌아간다. 그 공간을 끝까지 책임감 있게 지키는 건 오직 '나'뿐이다.

이런 '나'를 만들어가는 과정에서 일종의 '받아들임 연습'을 권한다. 이른바 '자기 수용(Self Acception)'이다. 나를 깊이 들여다보고 제대로 인정해보는 것이다. 잘한 게 있다면 애정 듬뿍 넣어 북돋고, 부족한 게 있다면 채울 방법을 찾아보고, 정 해결책이 없다고 판단되면 그 한계도 감싸 안는다. 내 마음에 하는 투자인 셈이다.

지속성을 갖게 되면 '나를 위한 좋은 태도'가 된다. 일단 며칠만 해보자. 처음에는 잘되지 않더라도 실패가 아닌 과정일 뿐이다. 물론 나를 인정하는 수련의 시간에는 간혹 타인도 등장한다. 그 타인의 말과 행동에 긍정적인 자극이 되고 의지를 다지는 데 보탬이 되면 힘껏 받아들이자. 반대로 상대적으로 박탈감을 느끼게 하거나 나를 초라하게 만든다면 시원하게 뻥 차버리자.

"행복해지려면 기억력이 나빠야 해요. 안 좋은 것들은 잊어버리세요. 기억력이 나쁘면 굉장히 낙천적인 성격이 됩니다. 내 머릿속의 지우개를 만드세요."

배우 김태리가 한 말이다. '김태리 자존감 어록'으로 알려질 만큼 한동안 화제였는데, 그녀의 생기 넘치는 말과 밝은 웃음은 빛나는 자존감에서 비롯된 듯하다. 전에 내가 마음의 갈피를 잡지 못하던 시기에 도움이 됐던 터라 선명하게 기억하고 있다. 나름 평가받는 직업인 나에게는 지침과도 같은 한마디가 됐기에 지금도 스마트폰 메모장에 써놓고 복기하듯 주기적으로 본다.

당시 몇몇 제자의 강의 평가에 심신이 지쳐 있었다. 꽤 만족할 만한 높은 점수를 받긴 했지만 몇몇 건의 사항이 신경 쓰였다. '학생들과 소통하려는 교수님의 모습이 부담스럽다', '발표를 작작 시키면 좋겠다', '목소리가 과하게 크다' 등의 의견이 내 마음에 비수처럼 꽂혔다. 내가 다루는 분야는 실습을 기반으로 한 소통 관련 과목이라 헛웃음도 나왔다. 직전 학기에 '교수님과 더 소통하고 싶다', '발표를 자주 하고 싶다', '강의실이 커서 교수님 목소리에 집중하는 게 어렵다'는 의견을 최대한 반영해 공을 들인 터라 충격이 컸다.

'도대체 어떻게 하라는 거지?' 내가 수업에 쏟은 노력이 물거품이 된 듯한 생각도 들었다. 며칠이 지나 정신을 차리고 나서 내가 얻은 결론은 하나였다. 흔들리지 말자. 내가 정신을 차리지 못하면 본연의 나를 잃을 수밖에 없다. 인신공격에 가까운 몇몇 말을 제외하곤 '충분히 만족스럽고 도움이 되었다'는 평가가 주를 이루고 있다는 것에 집중하기로

했다. 외부 자극은 내가 용인할 수 있을 만큼, 내가 이해할 수 있을 만큼, 나에게 도움되는 만큼만 받아들이는 게 맞다. 내 행복의 영역을 침범하는 침략자의 실언들은 가볍게 흘려보내자.

공자는 "나부터 바로 서고 사람들이 따르게 하라"는 말을 남겼다. 우선 내가 먼저다. '어찌하면 행복하게 보낼 수 있을까?' 나를 위해 끊임없이 생각해보길 바란다. 내 인생은 내가 결정한다. 내 행복도 내가 결정한다. 그리하여 내 인생의 행복도 오직 나만이 결정할 수 있다.

오랜 시간 습관처럼 사용한 좋은 말들은
나, 너, 우리의 삶에 지속적인 긍정 에너지를 불러온다.
덕분에 우연의 옷을 입고 행운까지 찾아올지 모른다.
그 또한 좋은 말들을 쌓아온 결과이기에
우연보다는 필연에 가깝다.

5장

나를 더 좋은 곳으로
이끌어줄 소통법

당신이
하는 말이
곧 당신이다

영화는 코미디, 노래는 댄스, 드라마는 해피엔딩. 내 취향이다. 철저히 즐겁기를 바라는 마음이 담겨 있다. 문화생활만큼은 현실에서 벗어나 아무 생각 없이 '하하하' 웃으며 즐기고 싶은 마음이다. 그래서 복잡하거나 어려운 내용을 빼고 최대한 쉽고 단순한 것만 공략한다.

화가 르누아르가 "그림은 아름답고 즐겁고 유쾌해야 해. 인생 자체가 우중충한데, 그림이라도 밝아야지"라고 말했다는데, 100% 공감한다. 나와 문화생활 코드가 찰떡처럼 잘 맞는 절친한 친구가 있다. 매년 12월 말, 우린 연례 행사처럼 콘서트를 간다. 한 해를 즐겁게 마무리하고, 다음 한 해를 행복하게 맞이하자는 의미로. 그런 우리에게 곤혹스러운 해가 있었다.

"올해 참 힘든 일이 많았어요. 내년에도 힘든 일이 있겠죠. 노래 한 곡 부를게요."

"외롭고 우울하고 슬플 때가 많아요. 그래서 이 노랠 만들었어요."

"오늘 공연장 오면서 교통사고가 있었어요. 제 잘못이 아닌데, 가해자가 피해자처럼 행동하는 거 있죠? 제 마음과 어울리는 노래 골라봤어요."

콘서트에서는 가수가 노래 시작 전이나 노래를 마친 후에 토크 타임을 갖는다. 이것 또한 나름의 묘미다. 그 입담에 취해 콘서트 내내 밝고 신나는 기운이 감돌기도 한다. 그런데 가수가 이날은 유독 부정적인 말만 이어가니 흥이 날 수 없었다. 선곡한 노래도 음침하고 스산한 곡뿐이었다. 가수가 입은 옷도 죄수복이나 환자복처럼 느껴지고, 어둡고 붉은 조명은 공포영화의 한 장면 같았다. 물론 이 느낌을 찾아온 팬들도 있겠지만 우리의 취향과는 맞지 않았다.

콘서트가 있고 몇 달이 지난 후, 그 가수가 우울증으로 심리 치료를 받고 있다는 인터뷰 기사를 보고 그날의 우울함이 이해가 됐다.

"아이씨, 메뉴가 잘못 나왔네. 이거 다시 주세요."
"아이씨, 그 인간이 나한테 뭐라고 하는 줄 알아?"
"아이씨, 피곤해. 일 때려치우고 싶다."

20대 때 한창 어울려 지내는 언니가 있었다. 언니는 유쾌하고 정이 많은 스타일이었지만 왠지 길게 대화하고 싶지 않았다. '거친 입'이 문제였다. 언니는 무슨 말을 할 때마다 "아이씨"를 붙이고 본인의 생각을 여과 없이 그대로 쏟아냈다. 웃음으로 넘겼던 나도 가끔은 흠칫 놀라 뒷걸음질 치게 만드는 화법이었다.

"너 요가 백날 해봐라. 살이 빠지나."

"이 자식아, 그 구두는 완전 아니라고 본다."

"이번 약속 취소하면 XXX다."

언니는 농담 반, 진담 반의 말들을 재밌다고 해댔고, 나는 그 말들 때문에 상처를 받았다. 욕을 섞는 경우도 많아서 대화를 하면서 긍정적인 에너지를 얻기보다는 부정적인 에너지에 휩싸였다.

그런데 '욕'을 대수롭지 않게 여겨도 된다는 흥미로운 연구 결과도 있다. 사람들이 하는 말의 0.3-0.7%가 욕인데, 대부분은 나쁜 의도를 가진 말이 아닌 일상적인 대화에 쓰이는 말이라는 것이다. 이 감정적 언어로 인간의 심리를 잘 이해할 수 있다는 건데, 내 생각은 다르다. 듣고 있는 상대방이 있거나 정도가 과하다면 안된다고 본다. 아는 언니의 더 큰 문제는 육두문자에 힘을 실어주는 부정적인 말들이었다.

"피곤해, 귀찮아, 짜증나, 싫어, 늘 삼재야, 어차피 안 될 거야"라는 부정적 언어를 입에 달고 지내기에 위로하는 역할은 내 몫이었다. 나도 어느 순간부터는 계란으로 바위 치기를 하는 듯한 무력감을 느꼈다. 그 부정적 마음들이 전염되고 있는 게 느껴질 때쯤 서서히 연락을 끊었다.

마음은 옮아가고 또 닮아간다. 이에 부정적인 사람보다는 긍정적인 사람이 옆에 있었으면 한다. 더 말할 것도 없이 우리도 그런 사람이길 소망한다. 긍정적인 사람과 함께 하는 좋은 대화는 가치 있는 시간을 만들어줄 것이 분명하다. 때로는 우연의 옷을 입고 행운까지 찾아올지도 모른다. 오랜 시간 습관처럼 사용한 좋은 말들은 나, 너, 우리의 삶에 지속적인 긍정 에너지를 불러온 것이기에 우연보다는 필연에 가깝다.

좋은 생각이
좋은 소통을
만든다

A는 친구 B와 소통하는 모든 순간이 즐겁다. 통화하게 되면 끊기 전에 누가 먼저랄 것도 없이 '아자아자 파이팅'을 함께 외친다. B가 '아자아자'를 건네면, A가 '파이팅'으로 받는다. 누군가는 뜬금없다고 여길 수도 있고, 부끄럽지 않냐고 물을 수도 있지만, B의 씩씩한 기운은 A의 일상에 종합비타민과도 같다.

몇 해 전 같은 어려운 시험을 준비하겠다고 말했을 때, "회의적으로 말하는 많은 친구 중 "해봐. 될 수 있어. 안될 거란 생각은 하지 말고"라고 말해준 유일한 친구였다. 수험기간에도 틈틈이 전화와 문자로 응원해주었고, 합격하고 나서는 가장 격하게 축하해줬다. 자기 일처럼 진심으로 기뻐해주는 마음이 느껴져서 더 소중했다. 더없이 소중한 B와의 관계를 꼭 지켜내리라 다짐하는 A다.

"나의 불행을 위로해주는 친구보다 나의 성공을 기뻐해주는 친구가 귀하더라."

행운과도 같은 업무 성과들이 연달아 터지고, 초고속 승진까지 거머쥔 친구가 언젠가 내게 한 말이다. 동료, 친구 심지어 여동생에게까지도 따뜻한 축하를 받지 못했다고 했다. "축하해"라고 말은 하고 있지만, 삐죽거리는 입으로 어쩔 수 없이 떠밀려 하는 느낌이 들었다고 했다. 당시 나는 살짝 삐져나올 뻔한 질투심을 거두고 꽉 안아주며 큰 소리로 "축하한다. 친구야. 멋지다"를 외쳤다. 훌륭한 인격을 갖춘 성인군자 같은 친구는 아니더라도 좋은 일이 있을 때 진심으로 축하할 수 있는 성숙한 친구가 되자는 다짐도 했다.

인간은 참 간사하다. 지금 잘하고 있더라도 옆에 뛰어난 사람이 있으면 순간 작아진다. 부러워하는 마음은 그나마 낫다. 질투하는 마음이 거세져서 상대방을 이유 없이 미워하기도 한다. 유리알 같이 연약한 자존감을 갖춘 사람이라면 더 그렇다. 이 감정 기복을 수백 번 느끼며 지금을 살아내고 있는 우리가 꼭 명심해야 할 게 있다. 행복한 사람과 함께하면 나도 행복해진다는 사실이다. 이는 과학적으로 증명된 사실이다.

하버드 대학 성인발달 연구팀이 80여 년 동안 연구 중인 분야가 있다. '무엇이 인간을 행복하게 만드는가?'다. 다양한 계층의 소년 700여 명을 선발해 2년마다 인터뷰하고 오랜 기간 연구한 끝에 내린 결론은 '인간관계'였다. 돈, 부, 성취, 성과, 명예, 과시가 아닌 인간관계라는 게 흥미롭다. 더불어, 가족과 친구, 내가 소속된 조직에서 긴밀할수록, 의미 있는 사람과 친밀감을 느낄수록 몸과 마음, 두뇌까지도 보호한다는 결과도 냈다.

다른 연구 결과도 비슷하다. 20여 년간 진행된 '행복의 전염성'에 대한 연구를 보면 내가 행복할 때 내 친구도 행복할 확률이 15% 늘어난다고 한다. 더 놀라운 것은 내가 행복하면 '내 친구의 친구'가 행복할 확률도 10%, '내 친구의 친구의 친구'의 행복할 확률도 6% 늘어난다는 것이다. 거꾸로 내 주변 사람이 행복하면 나도 행복해질 수 있다는 것이다. 끝에는 결국 '행복한 사람끼리' 모여 있을 확률이 높다.

그러니 행복은 나눌수록 커진다는 말이 맞다. '나보다 더 잘 되는 사람'이 곁에 있다면 즐겁게 대해주자. 내 주변인, 내 파트너의 좋은 날들을 함께 웃고 기뻐해준다면 앞으로 나의 일상 또한 더 좋은 날들로 물들 테니까. 이렇게 서로 주고받는 선한 영향력은 자존감의 지지대가 되어줄 것이다.

1일 1 셀프칭찬으로
마음을
충전한다

토크 콘서트 MC로 종종 무대에 서는 나. 섭외를 받는 순간부터 강연자와 호흡하는 순간까지 설레는 마음으로 임한다. 생활 속 건강상식부터 일생에 나침반이 될 만한 지혜까지 가장 가까이에서 들을 수 있는 것만으로도 영광스럽다. 심지어 사심을 담아 MC란 명목하에 질문까지 곁들일 시간도 있으니 나에겐 이루 말할 것도 없이 고마운 시간이다.

지난여름 '자존감을 키우는 법'이란 주제로 시민 토크 콘서트가 열렸고, MC로 무대에 서게 됐다. 강연자는 지역에서 잘 알려진 정신건강의학과 교수였다. 등장하자마자 "제 식스팩 보이나요?"라는 그의 물음에 나를 비롯한 모든 관객은 어리둥절했다. 남산만큼 큰 배에 식스팩이 보일 리 없었다. 관객석에 누군가 "식스팩이 아니라 원팩이나 D팩 아닌가요?"라고 말하자 모두 깔깔대며 한바탕 웃었다. 그러자 그가 답했다.

"맞아요. 보이지 않을 겁니다. 제 식스팩은 마음속에 있거든요."

이른바 '마음속 식스팩'으로 불리는 '자존감'은 이 시대의 화두다. 린다 필드의 책 『자존감 코칭』에서는 자존감을 '자신이 특별하고 소중하며 사랑스러운 존재라는 사실을 기억하는 것'이라고 정의했는데, 나는 이 표현이 가장 마음에 든다. 알려진 바에 의하면 '자존감'은 미국에서 1980년대에 크게 유행했고, 우리나라는 30여 년이 지난 2010년대부터 지금까지 끊임없이 주목하고 있는 키워드다.

　　자칭 타칭 '자존감 전도사'이자 여든을 앞둔 나태주 시인
은 한 토크쇼 프로그램에서 "요즘 젊은이들은 자존심은 높은
데 자존감이 많이 손상된 것 같아요. 밖으로 나타낼 때는 그
럴듯하고 멋있는데, 집에 돌아와서는 완전히 찌그러진 깡통
이 되는 것이 문젭니다. '괜찮다' 스스로 말해주고 때때로 자
기한테 '휴가'를 주고 상을 주고 칭찬하면 자존감이 올라가지
않을까요?"란 조언을 건넸다. 2021년 수능 응시생 필적 확
인 문구는 나태주 시인의 시 '들길을 걸으며'에 나온 '많고 많
은 사람 중에 그대 한 사람'이란 구절이었다. 코로나가 심했
을 그 시기, 답답한 마스크를 쓰고 온종일 시험을 치른 수험
생들에게 분명 위로가 됐겠다.

　　『자존감 수업』의 저자인 정신건강의학과 윤홍균 교수
또한, 손상된 자존감을 회복하기 위해서는 습관적인 훈련이
필요한데, 소중한 이에게 듣고 싶은 말이 있다면 먼저 내가
나에게 해보라고 권유한다.

"사랑해, 고마워, 잘했어, 수고했어, 괜찮아, 훌륭해, 최고야, 널 믿어, 아프지마, 오늘도 잘 될 거야, 앞으로 더 잘할 수 있어."

진심으로 나를 사랑하는 사람이 있다면, 그 혹은 그녀가 전할 말을 내가 대신해보자. 하루에 한 번씩 해보고 점차 늘려가자. 내가 제시한 '1일 1 셀프칭찬'이 시작점이다. 누군가는 "하루에 한 가지나 칭찬할 만한 게 있을까요?" 하고 반문할 수도 있다. 내가 직무 스트레스관리, 마음 챙김, 리더십 수업에서 다년간 시도해본 결과, 분명히 있다. 하다 보면 너무 많아 당황할지도 모른다. 몇몇 기억에 남는 '1일 1 셀프칭찬' 예시를 소개한다.

오늘 일찍 기상한 나를 칭찬해.

아이 등원을 시키고, 아침밥 한 거 칭찬해.

차 막히는 월요일인데 지각하지 않고 가장 먼저 출근한 것 칭찬해.

종일 업무가 어려웠는데도 다 소화한 나를 칭찬해.

속상한 일이 있는데도, 잘 감내한 것 칭찬해.

퇴근길에 두 정거장 먼저 내려 집까지 걸어간 거 칭찬해.

강아지 산책시켜 준 나를 칭찬해.

이렇게 하다 보면 오늘 칭찬할 게 끝도 없이 떠오를 것이다. 일기장에 메모해도 좋고, 나지막이 읊조려도 좋다. 아무도 없는 방에서 큰 소리로 외쳐봐도 좋다. '나 자신을 칭찬하는 고운 말과 글'은 머릿속에 저장되어 스스로 믿게 하고, 반응하게 하고, 움직이게 할 것이다.

정 칭찬할 게 없다면 말없이 나의 어깨를 감싸 두드려주는 것도 괜찮은 방법이다. 내가 나를 안아주는 것인데, 일명 '나비 포옹법'으로 불린다. 정신건강의학에서는 일종의 심리 안정화 기법으로도 알려져 있다. 마치 나비가 날갯짓을 하듯 양팔로 반대쪽 어깨를 부드럽게 감싸 안아준다. 눈을 감고, 한쪽씩 토닥여주면 된다.

한 번은 요즘 내가 잘한 것을 칭찬하고, 또 한 번은 요즘 나에게 아쉬운 것을 위로하고, 그리고 마지막 한 번은 앞으로 더 나은 나를 위해 용기를 주면 된다. 한쪽당 서너 번 두드리며 체온과 촉감을 느끼며 어루만져 주면 좋다. 내 팔의 따뜻한 온기를 느끼며 마음속으로 외쳐보자. '오늘도 고생했어. 오늘도 수고했어.'

문득 가수 자이언티의 노래 '꺼내 먹어요'가 떠오른다. '1일 1셀프칭찬'은 아침 사과처럼 꺼내 먹어도 좋고, 아침 점심 저녁밥처럼 챙겨 먹어도 좋다. 천천히 음미하며 나를 흘려보내지 말고, 놓치지 말고, 알아봐주고, 사랑해주자.

내가 듣고 싶은 말을
상대에게
먼저 건네보자

엄마 : 엄마 해봐.

딸 : 엄...마

아빠 : 우리 딸 천재네. 그럼 아빠 해볼까?

딸 : 아...빠

　　생애 처음으로 엄마, 아빠라고 불린 날. 부모라면 이날을 신기하고도 특별한 날로 기억할 것이다. 세상을 다 가진 것처럼 벅차고 경이로운 마음을 안고, 이후에는 쉬운 말을 하나씩 가르쳐주기 시작한다. 한 음, 두 글자, 세 글자씩 넓혀가다 보면 어느샌가 단어를 조합해 문장까지 만들어 감정까지 표현하는데, 이때 '아이의 입이 트였다'고 말한다. 이 과정을 겪은 부모가 공감하는 것 중 하나는 주변인의 말과 행동을 아이가 다 따라 한다는 것이다. 아이 앞에서는 찬물도 함부로 마시지 못한다는 속담처럼 아이와 함께 있을 때는 말과 행동을 가려서 하게 된다.

무엇이든 따라 해야 직성이 풀리는 '따라쟁이 아이'는 대체 무슨 마음일까? 바로, '모방심리'에 답이 있다. 모방심리는 옆의 사람이 특정한 행동을 하면 따라 하는 걸 의미하는데, 저절로 공감을 배우고, 나아가서 사랑을 받고 싶은 심리도 표출한다. 만 4세까지의 아이는 이 모방을 통해 성장한다. 비단 아이뿐만이 아니다. 다 자란 성인들도 끊임없이 '따라쟁이 어른'으로 살아간다. 인정할지는 모르겠지만 그렇다. 인간의 뇌는 거울 신경(Mirror Neuron)을 갖고 태어났다. 한마디로 '따라 하기'를 타고났다.

부산에 며칠 있었을 뿐인데 어느새 사투리 말씨를 따라 하고, 걸쭉한 욕설을 내뱉는 친구 옆에서는 나도 모르게 불쑥 욕 한마디가 튀어나오게 되고, 여성 직원이 많은 회사에서 근무하는 남성은 어딘지 모르게 여성스럽다. 이것을 '미러링 효과(Mirroring Effect)'라고 한다. 옆에 있는 사람의 말과 행동을 거울 속에 비친 것처럼 그대로 따라 하는 것이다.

세종대 신문방송학과 허행량 교수는 한 과학잡지에 '일심동체(一心同體)'보다는 '동체일심(同體一心)'란 말이 더 정확하다고 언급했다. 한마음이라서 말과 행동이 비슷한 것보다 말과 행동이 비슷하면 한마음이 된다는 것이다. 이를 통해 내적인 친밀감이나 정서적 유대감으로 번질 수 있고, 깊이 이입되면 서로 이해하며 호감을 주고받게 된다.

특히 말의 미러링 효과는 모두가 공감할 것이다. 누군가와 함께 있다 보면 어투와 억양이 유사해진다. 대표적으로 부모의 말과 자식의 말은 무척 닮아 있다. 학교 교사인 친구가 학부모 상담을 끝낸 후 나에게 늘 건네는 말이 있다.

"그 부모에 그 자식이야."

또 부부, 연인, 친구, 조직 내 구성원, CEO와 내부 직원, 서비스인과 고객에게도 통용된다. 2008년 네덜란드 래드버드대 카레먼스 교수팀은 "사랑에 빠진 사람은 그렇지 않은 사람보다 무의식적으로 사랑하는 상대방의 말을 비롯해 모든 행동을 따라 하려는 성향을 보인다"고 밝혔다. 2012년 하버드대 르위스 교수팀은 "취미가 유사할 때 친구가 될 가능성이 높다"고 발표했는데, 당연한 이치다.

내 친구는 부부동반 모임을 가게 되면 섞여 앉아 있어도 대화 패턴을 통해 각각 짝을 알아낼 수 있을 것 같다고 말한다. 문자를 주고받을 때 이모티콘 '^^'을 잘 쓰는 편인 나는, 어느 순간부터 이 이모티콘을 따라 쓰는 상대방을 마주하게 되면 장단이 잘 맞는다는 것이 느껴진다. 동시에 묘한 동질감까지도. 한때 차분하고 단아한 음성을 배우고 싶었던 시기에는 종일 클래식 FM을 가까이했고, 한참 영어를 배우는 시기에는 내내 '아리랑 TV'를 틀어놨던 기억이 있다. 자주 접하던 표현이 머리에 박혔는지, 내 입에서 비슷한 뉘앙스로 흘러나오고 있음이 느껴지는 순간 괜스레 뿌듯했었다. 이거야말로 말의 미러링 효과다.

역으로 상대방에게 듣고 싶은 말과 행동이 있다면, 내가 먼저 시범 삼아 보여주고, 또 들려주자. 그렇게 유도하자. 조금씩 조금씩 다가가며 비슷하게 만들어보는 것이다. 당연히 바람직한 방향을 지향해야겠다. 여우처럼 영리하게, 곰처럼 우직하게. 눈치는 채지 못하더라도 자신도 모르는 사이에 서서히 물들 것이다.

유쾌한
수다는
보약이다

'유쾌한 수다'를 생각하면 어렸을 적 우리 집 저녁 풍경이 떠오른다. 저녁 식사를 마치고 엄마는 친구분과 통화를 하고 있었고, 아빠와 나는 TV를 보고 있었다. 엄마가 슬슬 통화를 마무리지을 때가 되자 아빠가 나에게 귓속말을 했다.

"진이야, 다음에 엄마가 할 말 내가 맞혀볼까? '자세한 건 만나서 얘기해요'야."

아빠의 말에 엄마가 어떻게 하려나 살펴보니, "그래요, 용철이 엄마. 자세한 건 만나서 얘기해요"라고 하며 전화를 끊었다. 아빠의 예상이 적중이었다. 나와 아빠는 서로를 마주보며 웃음을 터뜨렸다. 깔깔대며 웃는 우릴 보고 엄마는 왜 웃냐며 나무랐지만, 나의 상황 설명을 듣자마자 엄마도 따라 웃었다.

이제 부모님과 따로 떨어져 지내는 나는 하루의 끝을 엄마와의 수다로 마무리한다. 안부를 주고받으며 1-2분 내로 간단히 끝낼 때도 있지만, 서로 여유가 있는 어느 날에는 휴대전화가 뜨거워질 때까지 1시간 넘게 수다를 떤다. 별것 아닌 고민을 털어놓기도 하고, 요즘의 일상들을 자세히 공유한다. 덩달아 맞장구를 치며 얘길 하다 보면 시간이 훌쩍 지나가 있다.

통화 끝에 "이래서, 딸이 필요해. 우리 딸 최고야"라는 엄마의 기분 좋은 칭찬도 종종 듣는데, 한 것도 없이 효녀가된 느낌이랄까. 최근에는 아빠에게도 용건 없이 전화를 걸어 나의 이야기를 도란도란 전해드리고 있다. 따로 사는 딸이 소소하게 할 수 있는 효도란 생각이 들어서다.

때로는 '수다'가 '위로의 시간'을 만든다. "진이야, 나 사실 힘든 일이 있어"로 시작하는 친구의 말을 3시간 넘게 들어준 기억이 있다. 경솔하게 내 생각이나 해결책을 제시할 문제는 아니라 묵묵히 들어줄 수밖에 없었다. 만남을 끝내고 집으로 돌아가는 길, '정말 힘들었는데, 그래도 너에게 얘기하니까 좀 풀리네'라는 친구의 문자를 받았다. 늘 주기적으로 만나서 정산하듯 수다를 떠는 우리. 유쾌한 일도, 기쁜 일도, 나쁜 일도, 어려운 일도, 소소한 일도 함께다.

친구나 가족에게 짐이 되지 않고자 혹은 귀찮아서 수다의 시간을 멈추고 있다면, 다시 시동을 걸어도 좋다. 나의 소중한 이가 시원한 수다 한 판을 기다리고 있을지도 모른다. 단, 상대방이 내 이야기를 들어줄 여유가 있는지 체크하는 센스를 발휘하자. 누구나 대나무 숲은 필요하다. 일기에 끄적거리는 글은 '나만의 대나무 숲'이 되고, 마음 맞는 친구와

주고받는 수다는 '함께 하는 대나무 숲'이 된다. 어쩔 수 없이 크고 작은 심리적 불안을 안고 살아가는 우리에게는 일종의 자연 치유인 셈이다.

수다의 효능은 많은 연구를 통해 증명됐다. '타임지'에 실린 행복 보고서에 의하면 사람의 기분을 좋게 만드는 이유를 조사한 결과, 여성의 63%, 남성의 51%가 가족이나 친구와 하는 수다를 꼽았다. 미국 미시간 대학에서 진행한 실험 결과, 심각한 토론을 한 학생들보다 친근한 수다를 떤 학생들이 인지능력이 올라가고 전두엽이 활성화돼 높은 성적을 낼 수 있었다고 밝혔다.

회사 내에 직원의 방이나 멋들어진 카페테리아가 왜 있겠는가? 심지어 요즘은 함께 보드게임을 하고 당구나 볼링을 칠 수 있는 여가공간을 마련해놓기도 한다. 특히 새로운 아이디어와 팀원 간의 협업이 필요한 기업일수록 더하다. 수다의 시간을 통해 더 좋은 아웃풋을 요구하는 것이다. 또한, 뇌를 자극하는 것이 어르신들 치매 예방에 도움이 되는

데 가장 손쉬운 방법이 수다란 말은 언제나 나온다.

할 일 없이 떠든다고 하는 사람도 있겠지만 수다는 절대
쓸데없지 않다. 특별한 주제나 목적이 없어도 괜찮다. 우리
만의 이야기 안에 주고받는 마음이 있기에 분명 쓸 데가 있
다. "전화로 수다나 떨자"며 먼저 전화를 걸어오는 사람이 있
다면, 서로의 의미 있는 얘기를 할 수 있는 사람이 있다면, 그
'수다 메이트'는 나에겐 보약이고 보석과 같은 존재다.

나 자신을 향한
긍정의 말들을
쌓자

긍정의 말은 긍정의 파장을 일으키고 내 곁에 긍정적인 사람들을 모이게 한다. 때론 부정적인 사람들도 긍정적인 사람들로 바꿔놓는다. 그렇게 긍정적인 환경이 만들어진다. 소위 '좋은 말', '나쁜 말'이란 건 기준점에 따라 다르긴 하지만 듣자마자 좋은지, 나쁜지 정도는 구분할 수 있다. 그건 내가 나에게 고할 때도 마찬가지다.

A : 해봐야지.

B : 하긴 하는데, 될까?

A : 나랑 맞네. 도전해봐야지.

B : 나랑 맞네. 근데 경력이 부족해서 떨어지겠어.

A : 누구나 할 수 있는 일이지만, 내가 더 잘 해낼 수 있어.

B : 누구나 하는 일인데, 내가 잘한다고 달라질까?

A : 아, 너무 힘들다. 전화위복 삼아 액땜했다 치자.

B : 아, 너무 힘들다. 뒤로 넘어져도 코가 깨진다.

　　직접 소리 내어 읽어보면 A의 말에서 힘을 얻을 수 있다. 나의 말에 물음표보다는 느낌표로 끝내는 이. 물음표에서 느낌표로 바뀌는 순간을 만들어내는 이. 나약한 마음에 자신감을 부여하는 이들의 말에는 대단한 무언가가 있는 게 아니다. 지금을 인정하되, 다음을 더 기대해보는 '긍정의 말'이 있다.

이 글을 읽고 있는 누군가는 '좋은 일이 없는데, 어떻게 긍정의 말이 나올 수 있겠느냐'고 딴지를 걸 수도 있다. 혹은 '네가 한 번 내가 되어보면 절대 좋은 말이 나오지 않을걸?' 하고 볼멘소리를 할 수도 있다. 특히 감당하기 어려울 만큼 힘든 시간을 견뎌내고 있는 사람이라면 더욱 그럴 수 있다. 이때 생각의 전환이 필요하다. 온갖 분노, 걱정, 슬픔, 회한, 두려움, 아픔, 상대적 박탈감 등의 부정의 말들을 봇짐을 메듯 마음속에 가득 싣고 나아가는 미래가 좋을 리 만무하다.

그러니 생각을 한번 바꿔보자. 포효하듯 부정의 말을 쏟아내며 반항하는 자세를 취하는 것보다 당연히 낫다. 상황이 바뀌지 않는다고 주저앉는다면 억울하지 않겠는가? 생각의 변화를 위해 나의 말부터 변화를 줘보자. 당연히 부정의 말에서 긍정의 말로.

긍정의 말이라고 해서 모든 걸 좋게 생각하자는 게 아니다. '긍정'이라는 단어를 사전에서 찾아보면 '어떤 생각이나 사실 따위를 그러하거나 옳다고 인정함'이라고 나와 있다.

좋지 않은 상황에서 무조건 좋다고 생각하는 건 거짓이다. 내 생각을 왜곡해 착각에 빠지는 건 옳지 않다. 그건 도피다. 지금 상황을 정확하게 보고, 인정하고 받아들이되, 지금부터 나를 위해 할 수 있는 일을 찾아보는 것이다. 지금까지 나를 괴롭혔던 마음속 가방 안에 부정의 말을 꺼내고, 긍정의 말부터 싣는 게 우선이다. 나는 믿는다. 긍정의 말이 '현재를 열심히 살아가는 에너지'를 드러낼 것이고, 그게 더욱 나은 곳으로 데려가줄 거라고.

소통의 온도

초판 발행   2023년 4월 10일

지은이   김진이
펴낸곳   다른상상
등록번호   제399-2018-000014호
전화   02)3661-5964
팩스   02)6008-5964
전자우편   darunsangsang@naver.com
ISBN   979-11-90312-80-6 03190

독자 여러분의 책에 관한 아이디어나 원고 투고를 설레는 마음으로 기다리고 있습니다.
이메일로 간단한 개요와 취지, 연락처를 보내주세요. 독자님과 함께하겠습니다.